以人为本
全
发展

张恩球◎主　编

宋正江◎副主编

广州市南沙麒麟中学校本教材

麒麟舞的传承与发展

暨南大學出版社
JINAN UNIVERSITY PRESS

中国·广州

图书在版编目（CIP）数据

麒麟舞的传承与发展/张恩球主编．—广州：暨南大学出版社，2019.2
（广州市南沙麒麟中学校本教材）
ISBN 978－7－5668－2479－0

Ⅰ.①麒…　Ⅱ.①张…　Ⅲ.①民间歌舞—南沙区—中学—乡土教材
Ⅳ.①G634.591.1

中国版本图书馆CIP数据核字（2018）第282908号

广州市南沙麒麟中学校本教材
麒麟舞的传承与发展
GUANGZHOUSHI NANSHA QILINZHONGXUE XIAOBENJIAOCAI
QILINWU DE CHUANCHENG YU FAZHAN
主　编：张恩球

出 版 人：徐义雄
责任编辑：冯　琳　黄志波
特约编辑：汤炎忠
责任校对：冯月盈
责任印制：汤慧君　周一丹

出版发行：暨南大学出版社（510630）
电　　话：总编室（8620）85221601
营销部（8620）85225284　85228291　85228292（邮购）
传　　真：（8620）85221583（办公室）　85223774（营销部）
网　　址：http://www.jnupress.com
排　　版：广州市天河星辰文化发展部照排中心
印　　刷：广州市穗彩印务有限公司
开　　本：787mm×1092mm　1/16
印　　张：7
字　　数：120千
版　　次：2019年2月第1版
印　　次：2019年2月第1次
定　　价：28.00元

目录
CONTENTS

第一章　麒麟探源

第一节　麒麟起源

麒麟，我国民间传说中的神兽，是按中国人的思维方式和图腾信仰复合构思所创造的动物。早在周代，麒麟就与龙、凤、龟并称“四灵”，且居“四灵”之首，是太平、吉祥的象征。

麒麟形象已有 2 500 年的历史，最初是一种图腾、一种信仰。后来发展到哲学领域，又进入文学领域，如唐·韩愈的《获麟解》、北宋·黄庭坚的《麟趾赞》等。最终走向造型艺术和表演艺术，成为陶瓷、年画、剪纸、泥塑、刺绣、金玉饰品、建筑、雕刻等艺术创作的素材。

麒麟从外部形状上看，鹿身，龙头龙尾，牛马蹄（史籍中有说为“鹿蹄”），长的不是毛发，而是鱼鳞皮，一角，角端有肉，遍身黄色。在民间流传中认为马蹄的占绝大多数，在麒麟身上可以看到很多动物的特征，它把那些备受人们珍爱的动物所具备的优点全部集于一身，充分体现了中国人的“集美”思想。

所谓“集美”，通俗地说是将两个或者多个美好的事物汇集起来，然后再用一个事物集中、多方位地表达出来。这种理念一直是几千年来中国人精神世界和物质世界所追求实现的目标和愿望。因而，麒麟选择鹿身、龙头龙尾、牛马蹄、鱼鳞皮等进行组合，无疑与中国人劳动生产和图腾信仰是密不可分、相辅相成的。

中国最早的图腾崇拜，主要是原始动物崇拜。龙是中华文化里的主要图腾，也是封建时代中国帝王的象征。

鹿，在远古时代就已经出现。在石器时代向青铜时代过渡阶段，鹿角就发挥着重要的作用。鹿角作为武器，在部落之间的战斗中，一方失去鹿角就意味着战争的失败。在三国时期，也有逐鹿中原之争。“逐”有追赶的意思，用鹿来比喻追逐的对象，狩猎成功了就代表胜利，慢慢地就把鹿比喻为帝位、政权，并在古代成为帝王的象征，在多种场合用以表达祝寿、祈寿的主题。

牛，在民间传说中是来到人间帮助人类的天上神灵，在田野默默耕耘。这和悠久的农耕历史文化是不可分割的。它作为农耕社会的重要工具和劳动力，其形象自然受到大家的敬重。牛不仅给人类带来了物质的财富，而且其身上所体现的奉献精神，也给人类带来了精神的财富。

马，被认为是聪明、忠诚、勇敢而耐劳的动物。春秋时期，齐桓公在一次出兵打仗行进途中，军队在大山中迷了路，兜兜转转找不到出路，最后还是靠老马带路才走出了困境，成功脱险。这也是成语“老马识途”的由来。此外，马具有高贵、飘逸、优雅的气质。在古代社会，常用“千里马”来比喻人才，而且是百里挑一的人才，非常值得珍惜。

鱼，作为一类水生动物的总称，其身上的鳞皮被中国古人视为吉祥、美丽的装饰，“鱼鳞锦”就是传统的吉祥纹样。鱼又与“余”谐音，成为生活富足、美满的象征。

中国古人将以上几种吉祥动物创造性地进行组合，建构了麒麟这一仁宠的形象，符合长期以来古人根据社会生活经验，对自然的敬畏与图腾的信仰融合的特征。由此培养、铸就的心理接受力和艺术欣赏力，再现了源远流长的传统底蕴，真实地体现了中国人的“集美”思想。

儒家学派是由中国春秋末期伟大的思想家、教育家孔子创立的，儒家思想的核心就是“仁学”，“仁”可以说是儒学中伦理学说的根本和最高道德准则，其主旨是“爱人”，亦即“己欲立而立人，己欲达而达人”，“己所不欲，勿施于人”。这种思想不仅是一种伦理道德，更是通过对天、地、人的思考体悟而达至的一种人生境界和生命体验。在中国几千年的悠久历史中，上至皇室权贵，下至平民百姓，无不受其影响。仁爱的思想塑造了我们的民族性格，形成了国人的风俗伦理观念，具有重要意义。

麒麟，在传说中被赋予了十分优秀的品质。比如，说其性温善，不覆生虫，不折生草，头上有角，角上有肉，设武备而不用，因而被称为“仁宠”，而这种“仁宠”所具备的品质正符合几千年来中国的礼教和儒家风范。

因此，麒麟崇拜被广大民众所接受，一直发展传承至今。

第二节　麒麟典故

一、传说："三星会友·麒麟出洞"

相传很久很久以前，有一年，天逢大旱，瘟疫流行，颗粒无收，民不聊生。土地公公看在眼里急在心头，当即找来笑面佛商讨辟邪消灾、拯救生灵的办法。可是笑面佛也无计可施，他只知道有一种叫麒麟的神兽有这般法力，但不知道到哪里才能找到。这时土地公公想起了孙悟空孙猴子，于是找来了他。孙猴子果然神通广大，只见他一个筋斗云跃上云霄，四方一望，按落云头说："有了有了，我带你们去！"在孙猴子的带领下，他们终于找到了麒麟洞。把来意一说，麒麟即答应随他们下山。土地公公带着麒麟来到人间，麒麟施法，喷火献瑞，顿时人畜安康，五谷丰登。此后人们便把麒麟奉为吉祥物，并把麒麟出山镇灾辟邪的故事编成舞蹈，谓之"三星会友·麒麟出洞"，每逢年节便进行表演。

二、传说："麟游"

"麟游"，一个吉祥美丽的名字，与今天陕西省宝鸡市麟游县城中心矗立的县徽——麒麟（图 1－1），关系密切。

早在隋朝时，隋文帝杨坚就因麟游县山清水秀、环境优美而修建了一座非常华丽的避暑离宫，取名仁寿宫，并规定仁寿宫方圆百里之内，老百姓不准砍柴、放牧、狩猎。时间一长，这里的生态环境越来越好，灵物异兽时有出现。县志曾载有晋王杨广向父皇隋文帝献绿毛龟、仁寿宫生出金银花、杜水河南山长有灵芝草等事。

传说义宁元年（617），一只美丽的凤凰栖落于仁寿宫大殿之上，皇帝随即下诏，在仁寿宫所在地设置凤栖郡。从此，这里人多起来，物也活起来，呈现出一片勃勃生机景象。第二年春，在百花盛开的一天清晨，仁寿宫内忽然出现一只白麒麟，信步游走，引得人们争先观看。仁寿宫总监立即向朝廷报告，皇帝闻讯喜不自胜。传说麒麟长有麋鹿的身段，头上有角，牛足，龙尾，遍身黄色。渴不饮脏水，饥不食杂草，行不蹈陷阱，奔不入罗网，游必择吉地而后翔。又说它寿命很长，活到1 500岁后通体变白，所以白麒麟乃神中之神。隋恭帝认为仁寿宫出现白麒麟，是吉祥之兆，随即下诏改凤栖郡为麟游郡。“麟游”这个名字就一直沿用下来。

图1－1　麟游青莲山公园广场麒麟雕像

三、传说：“麒麟送子”

“麒麟送子”是我国古时候祈子法的一种。传说麒麟是仁兽，是吉祥的象征，能为人们带来子嗣。王充在《论衡·定贤》中描述，孔子诞生之前，有麒麟吐玉书于其家院。这个典故成为“麒麟送子”的来源。又传说麒麟会给人们带来儿子，使家庭兴旺，因此有“麒麟送子”之说。同时也把杰出的小男孩称为“麒麟儿”“麟儿”。

相传孔子父亲叔梁纥与母亲颜徵在仅孔孟皮一个男孩，但患有足疾，不能担当祀事。夫妇俩觉得太遗憾，就一起在尼山祈祷。一天夜里，忽有一头麒麟踱进阙里，它从嘴里吐出一方帛，上面还写着文字：“水精之子孙，衰周而素王，徵在贤明。”第二天，麒麟不见了，叔梁纥家则传出一阵响亮的婴儿啼哭声。

四、与麒麟有关的词语

麟凤龟龙 古人以麟为兽类之首，凤为鸟类之王，龟为介类之长，龙为鳞类之尊。以此象征祥瑞、和谐、长寿、高贵的现象，比喻稀有珍贵的东西，也比喻品格高尚、受人敬仰的人。

麟洲 即凤麟洲，汉族古代神话传说中的地名。在西海之中央，地方一千五百里。洲四面有弱水绕之，鸿毛不浮，不可越也。洲上多凤麟，数万各为群。又有山川池泽及百种神药，亦多仙家。麟凤是吉祥灵异的动物，它们平常出没的地方自然也是美好的乐土。后用麟洲指代传说中的仙境和如仙境般美妙的处所。

麟子凤雏 《诗经·周南·麟之趾》篇中，以麒麟来指代虽处末世，仍具信厚美德的王室公子。从那时起，麒麟就与王公贵族之家有了某种联系。麟、凤均是吉祥动物中的王公贵族，它们的子、雏好比是人世间的贵族子弟。

麟之趾

麟之趾，振振公子，于嗟麟兮。
麟之定，振振公姓，于嗟麟兮。
麟之角，振振公族，于嗟麟兮。

麟凤芝兰 麒麟、凤凰、灵芝、兰草，都是美好高洁之物，四者并称，用来比喻人的品格高尚、气质高华。

麟凤一毛 唐·张怀瓘《书议》云：“麟凤一毛，龟龙片甲，亦无所不录。”麒麟与凤凰身上的一根毛，指极细小的东西。不漏掉麒麟和凤凰的一根毛，比喻搜罗备至，无所或缺。

凤毛麟角 唐·李延寿《南史·谢超宗传》云：“凤（指谢灵运之子谢凤）子超宗，随父凤岭南，元嘉末得还。与慧休道人来往。好学有文辞，盛得名誉。选补新安王子鸾国常侍。王母殷淑仪卒，超宗作诔奏之，帝大嗟赏，谓谢庄曰：‘超宗殊有凤毛，灵运复出。’”“凤毛”指能继承祖辈才华的后世子弟，“麟角”指学而有成之人，均是不可多得之才。后遂用“凤毛麟角”比喻珍贵稀罕的宝物或才华出众的奇才。

麟角凤距 晋·葛洪《抱朴子·自叙》云：“晚又学七尺杖术，可以入白刃，取大戟。然亦是不急之末学；知之譬如麟角凤距，何必用之?”麒麟的角、凤凰的爪均比喻备而不必用的珍贵东西。这种观点带有典型的民间色彩。

麒麟得食，日行千里；凤凰得食，飞腾四海 《敦煌变文集·伍子胥变文》：“子胥答曰：‘但求船渡，何敢望餐!’鱼人答曰：‘吾闻麒麟得食，日行千里；凤凰得食，飞腾四海。’答语已了，留船即去。乃向家中取食。子胥闻得此语，即与鱼人看船。”指有作为的人必须有一定的物质基础，才能干成大事。

第三节　麒麟舞概述

麒麟形象最初作为一种图腾、一种信仰而存在。麒麟文化发展到近几百年，更突出地表现为麒麟舞，也就是进入了表演艺术领域。麒麟舞融音乐、舞蹈、工艺美术、杂技于一体，既具有美学的欣赏价值，又在文艺、宗教、民俗、历史方面具有研究价值，是祖先留下的一份宝贵财产。

广东是麒麟舞流传较广的地区，全省各地的麒麟舞，如以惠州小金口为代表的东江麒麟舞，以东莞樟木头为代表的客家麒麟舞，以广州南沙为代表的黄阁麒麟舞等，在历史上各具特色。

一、麒麟舞的由来

麒麟舞来源于“三星会友·麒麟出洞”的传说。有关资料记载，麒麟像鹿，独角，全身生鳞甲，尾像龙。它身披鳞甲，舞起来威武生动，极具特色。麒麟舞通常以农村的晒谷场、空地为表演场地。舞麒麟分为头套和尾套，统称麒麟套，一个男青年舞动麒麟头，另一个舞动麒麟尾，随着打击乐所奏出的轻、重、缓、急各种节奏，表现麒麟的活动过程以及喜怒哀乐的情绪。

二、麒麟舞文化

麒麟舞也称为“武”麒麟，不同于舞狮，也异于舞龙，其造型为“龙头、鹿角、蛇身、牛马蹄、龙尾”。舞动时，一人舞麒麟头，一人舞麒麟尾，两人配合默契，以此把传说中麒麟的喜、怒、哀、乐、惊、疑、醉、睡等动静神态表现得栩栩如生。逢年过节人们舞起麒麟，以祈求风调雨顺、国泰民安，表达迎祥纳福的美好愿望。

麒麟头背部的图案主要包括龙、凤、祥云、八卦、红日、梅花等题材，寓意吉祥。中国民间美术图案大都是“有图必意，有意必吉”，而麒麟舞中的吉祥图案不仅反映了民众的信仰观念，也体现了人们对美好生活的追求与向往。

三、麒麟的制作

麒麟的传统扎制方法是使用竹木做成骨架后，用纸糊好，再用画笔绘出鲜艳的鳞甲等，但这样做出的麒麟容易破损。后来，民间艺人改进了工艺——竹木做出骨架后，用彩色丝绸和激光纸做出一片片鳞甲，把它缝制在麒麟的丝绸外套上，头部、牙齿等部位用油彩绘制。这样做出的麒麟色彩鲜艳，形象逼真且结实耐用。

麒麟为手工制造，制成后要择黄道吉日，在山中开光点睛，使其有灵气。麒麟头样式不一，分为白鸽狮、斗牛狮、扁鼻狮、大头狮这几种，其中白鸽狮麒麟头最重。白鸽狮麒麟头直径 50 厘米，高 38 厘米，重 2.5 ~ 6 公斤，身披至少长 3.2 米、宽 2 米。仅其用糯米糍糊制，其他几种麒麟头用老黄竹编制。白鸽狮麒麟头上画有一龙二凤一八卦的图案和各种吉祥饰物，头和身写着“风调雨顺，国泰民安”八个字，为“龙凤呈祥，驱邪佑吉，安居乐业，五谷丰登，天下太平”之意。制作白鸽狮麒麟头的时候，先用竹篾编制出麒麟头的雏形，在表面粘上纸，涂一层糯米糍糊，粘一层纸，一般情况下要粘十二层纸。然后放在阳光底下晒，晒干后需人工用锤头敲打，以增强韧性。接着人工雕刻出龙、凤、八卦、祥云等十多种传统民间图腾图案，再涂一层糯米粉。晒干后，涂上青、红、黄、黑等颜料，最后还要精雕细琢。几番动作之后，耗时三个多月，才算制成。

四、麒麟舞表演

麒麟舞表演是一个需要多人（一般为十余人）分工合作、共同完成的团体项目。麒麟舞在民间里广泛流传的表演套路主要有沙仙戏麒麟、沙仙驯麒麟、四门八点拳术等项目。其表演形式丰富多彩、变化无穷，例如在麒麟舞武术套路表演中就常常融入对联诗词、声乐鼓点、书画艺术或其他民间传统艺术，而不仅仅简单表现为空手对白刃或各种刀枪棍兵器等表演。麒麟舞表演也常常与歌曲、舞蹈结合在一起，比如有首麒麟舞会狮歌这样唱道：

问：狮子旺龙又旺龙，问你带有几条龙？
答：狮子旺龙又旺龙，我今带有九条龙。
问：狮子什盘来舞卷，谁人带你下山来？
答：狮子什盘来舞卷，嵋仙带我下山来。

麒麟舞通常根据音乐节奏的快慢来进行表演。伴随着鼓声、唢呐声响起，十多头麒麟从四面八方靠拢，围成一个圈，左右变换着不断摆头。大头娃手持红布或青枝，奔走于麒麟之间，做出各种动作。麒麟则跟着音乐的节奏和大头娃的指引，或喜，或悲；或凌空腾起，或匍匐在地；或翻滚旋转，或作揖致谢……不论是套路表演，还是即兴发挥，多有喜庆祥和、气吐山河之势，充满浓郁的生活气息。而大头娃戏麒麟的表演尤其令人印象深刻，其融入日常生活幽默细节很接地气，让宾客观后捧腹大笑。

五、麒麟舞分类

麒麟舞按地域划分，可以分为北派麒麟舞和南派麒麟舞。北派麒麟舞以河北省黄骅市的黄骅麒麟舞为代表，南派麒麟舞则以广东省的惠州、东莞、中山、广州等四市麒麟舞最为著名。其中，广州麒麟舞又以南沙区黄阁镇麒麟舞为代表。

（一）黄骅麒麟舞

黄骅麒麟舞，已被列入第二批国家级非物质文化遗产，主要分布在黄骅市区西北部地区。根据调查显示，以大王庄、小王庄、桃园、卸甲、同居、乾符等地的麒麟舞最为活跃。目前，以大王庄为主干，主要有六支麒麟舞表演队。麒麟舞成为当地村庄每年必不可少的表演项目，特别是在每年的元宵节时，人们便团聚在一起，舞起麒麟，迎祥纳福，祈求风调雨顺、家和万顺、国泰民安。

据史料记载，麒麟舞原本是皇宫中的表演艺术，称之为“麒麟圣舞”，为皇家各类庆典中必有的演出。明朝灭亡之后，本地一位皇宫艺术家将他的麒麟舞绝技带回家乡，代代相承，才得以流传至今。

麒麟舞在民间盛行的历史，追溯起来，最早始于明代。这种形式甫一问世，就受到广泛欢迎，并迅速作为一项传统项目传承下来。麒麟舞表演所用的麒麟，一般从头到脚最矮的 4 米，最高的 5 米，雄姿英发，威武高猛，舞起来气势磅礴。每只麒麟由两个年轻小伙组成，一前一后、协力合作完成各类技巧高、难度大的表演动作。前者腰跨麒麟头，作骑麒麟状，后者在其内做尾部表演。麒麟一红一绿代表一雌一雄，成对出场。金童玉女端坐其上，演员足踏一米多高的高跷，身托 50 公斤的道具，闪、转、腾、挪等系列动作一气呵成。全场多只麒麟在锣鼓和音乐的伴奏下一起跳跃舞动，热闹非凡，演出场面大气磅礴、威风凛凛。通常 20 分钟便可完成整个套路的表演。

黄骅麒麟舞，被誉为“北方麒麟”，表演过程中凸显娴熟的动作和高超的技艺，并融入北方人豪爽、侠义的性格。表演者在处理闪、转、腾、挪之间的动作得心应手。黄骅麒麟造型高大威猛，与小巧玲珑的“南方麒麟”相映成趣，共同演绎、诠释、传承着这项中华民族优秀民间文化遗产。

黄骅麒麟舞凭借高超的艺术造型，通过探索与创新，糅合杂技表演中的惊、险、奇等高难度动作，呈现给观众不同凡响的艺术震撼。然而，随着时代的变迁、观念的变化，加上麒麟造型扎制用料庞杂、工作量大、造价较高、耗时费力、表演动作难度大等原因，黄骅麒麟舞表演规模日渐缩小，面临失传的窘境。

（二）南粤麒麟舞

客家人视麒麟为吉祥物，舞麒麟已有 500 多年的历史。与广东岭南音乐不同，客家麒麟舞以锣鼓和唢呐为伴奏，具有长江北部地区花会的风格，是客家人世代相传的艺术文化。

客家人传统的舞麒麟活动，通常以农村的晒谷场为表演场地。凡有客家人居住的地方，一席空地便可用来舞麒麟，房前屋后是舞麒麟的好场所。舞麒麟除了一些打击乐器外，无须设置灯光、音响等场景。随着打击乐器奏出轻、重、缓、急的各种节奏，或单或双的麒麟摇头摆尾、跳跃挪闪，忽而狂欢嬉耍，忽而凌空翻起，表现舐脚、滚动、翻腾、采青等动作的喜怒哀乐。

南粤麒麟舞集歌、舞、乐于一体，麒麟的骨架用竹篾扎成，皮用各色彩布做成。麒麟分成头、尾两截，中间穿孔，舞者站在穿孔处将麒麟系在身上，在春节期间，入村上街挨家逐户恭贺新年。

1. 惠州小金口麒麟舞

据有关志书记载，惠州市惠城区小金口的东江麒麟舞已有300多年的历史，小金口号称“麒麟舞之乡”。早在清朝乾隆年间，小金口就已经组建麒麟队开展麒麟舞活动，那时候叫“武麒麟”，因为当时战争频繁，兵荒马乱，盗贼四起。为了防止流寇和盗贼打家劫舍，祸害村民，每个自然村都办起武术馆，武术馆内有武术队、麒麟队，各村的青壮年人都学会舞麒麟和打龙形拳等，既强身健体，又护村守寨，保佑一方父老乡亲平安。村里上到耄耋老者，下至黄毛小儿，人人都能舞几趟麒麟。村民婚嫁、岁时节会，都要舞一番麒麟，以求祥瑞。

由于惠州市地处东江中游，小金口又位于东江边，因此从清代到民国初年，小金口的麒麟舞都统称为“东江麒麟舞”，并形成了自己的特色和套路，培养出数以千计的麒麟舞传人。

在小金口，舞麒麟是村民耕作之余最大的乐趣。附近村落有人办红白喜事或店铺开张，都会邀请麒麟队前去表演，并赏以红包、糖果等物品。每年春节、元宵等节日，麒麟队入村上街挨家逐户恭贺大吉，有的甚至沿途舞到深圳、河源、东莞等地，来回几个月，回家正好春耕。

2007年6月23日，央视《激情广场》节目在东江公园隆重举行。小金口街道办事处组织的东江麒麟舞在《文明惠州·激情广场大家唱》开场节目中的精彩表演，博得观众的阵阵掌声。有了一定名气的东江麒麟舞也得到社会的青睐，不断接到来自本地和外地的演出邀请。小金口街道办事处已成立东江麒麟舞协会，把东江麒麟舞作为特色文化产业来发展，还将每年的3月26日定为“麒麟文化节”。

2007年惠州小金口首届麒麟文化节，除“麒麟舞”外，还有龙形拳、醒狮舞等表演。知情人介绍说，这是为了保护和发掘东江文化遗产，做大做强小金口“麒麟舞”文化品牌。

2008年，广东省文联和省民协命名小金口街道办事处为“广东省麒麟之乡”。同时，同意于2008年3月26日在小金口举办广东省麒麟文化节暨全省第二届麒麟舞大赛。

近年来，随着惠州创建全国文明城市和打造文化大市活动的深入开展，小金口街道办事处注意弘扬有当地特色的民间民俗文化，重点发掘、推广东江麒麟舞，先后投资20余万元对其进行改革、包装、推广。如今，全镇10个村（居委会）的麒麟舞队由8支增加到20支，队员有200多人，最年长的93岁，最年轻的才15岁，参与麒麟舞活动的群众达1 000余人。东江麒麟舞也得到全面的创新，形式上从过去的一个门派变成多个门派相融。2005年，惠州市授予小金口街道办事处“麒麟舞特色之乡”称号，叶屋村民小组、九一村民小组被命名为“麒麟村”。68岁的麒麟舞师傅叶阳星被惠州市文化局评为惠州市“民间艺术师”。

2. 东莞樟木头麒麟舞

樟木头镇是东莞市的纯客家镇，其麒麟舞历史已有450多年，于2001年被广东省命名为“麒麟艺术之乡”。

近年来，樟木头镇对麒麟舞这门古老民间艺术进行了许多有益的改革，出现了五个方面的转变：

一是时间上的转变，从过去冗长的一小时缩短为现在的十分钟左右；

二是形式上的转变，从过去单打、双打到现在加入群体打斗表演；

三是内容上的转变，从过去的拜门表演到现在的文艺演出表演；

四是服饰上的转变，从过去旧式的服饰到现在更具时代感的服饰；

五是队伍上的转变，从过去以自然村组队到现在跨村表演节目组队。

这些转变极大地丰富了客家麒麟舞的艺术内涵，为该艺术形式的发展注入了新的活力。

樟木头麒麟素以耐用著称，整只麒麟用黄竹扎框，优质砂纸糊面。其最大的特点是体形靓、体宽、个高、尾长；画在麒麟上的牡丹、桃花、菊花、蝴蝶等更是色彩鲜艳、细腻生动，使整只麒麟舞起来威武、轻盈，充满灵性。麒麟纸扎艺术的失传，使得樟木头镇人对此怀着几许惆怅，也认识到应当恢复这一祖传技艺的必要性。

3. 东莞道滘“麒麟引凤”舞

“麒麟引凤”舞是东莞水乡道滘的民间艺术瑰宝。它将麒麟舞和凤舞完美结合，并融入曲艺、武术等多种民俗艺术，传承至今已有 100 多年的历史。清宣统年间，探花陈伯陶主编的《东莞县志》中就有对东莞麒麟和唱凤最早的记载："邑尚技击，秋冬间延师教习。元旦至晦，结队鸣钲鼓，以纸糊麒麟头，画五彩，缝棉被为麟身。两人舞之，舞毕，各演拳棒，曰舞麒麟。其习弹唱者，以纸糊凤凰，两小童戴之，对舞。舞毕，唱班本歌曲，曰舞凤。二月社日，集同里者祀土神，以祈丰年，命师巫鸣钲鼓，各入家禳祀。"

图 1－2　东莞樟木头麒麟舞表演

图 1－3　蔡白上口少儿麒麟引凤武术队表演现场

4. 中山黄圃麒麟舞

麒麟舞是中山黄圃镇历史悠久的动物舞蹈，麒麟原为先民古老的图腾崇拜，后演变为岁时民俗艺术，以其精巧伶俐、神采威武为特色。黄圃麒麟舞的采青动作凸显了水乡特色，其中“桅杆青”是独具水乡特色的麒麟舞蹈动作。后来，根据“桅杆青”的特点，黄圃一带的村民在新屋入伙时，也将“青”从二三层高的楼层中吊下来，让麒麟来“采高青”。这一习俗至今仍在黄圃横档村流行。

在传统上，村中有新屋落成、村民结婚、新船下水、新铺开张等，以及重要的岁时节令，都有麒麟舞助兴，其表现形式包括“采地青”“采高青”。采青内容包括采蛇青、采蜈蚣青、采七星伴月青等，采青动作包括含青、吐青、洗面、伸腰、擦身、取青、行礼、谢礼、叩首等。麒麟舞基本舞步有虚步、鹤立步、丁字步、弓步、麒麟步、托举等，以表现麒麟神兽的形态。

5. 中山三角麒麟舞

从清末开始，每年农历年底前，中山市三角镇的民间艺人就要扎作好麒麟。到了腊月廿八，民间艺人在“风火院”祖师牌前为麒麟进行点睛仪式，并为麒麟开口。到了农历大年三十晚上，舞麒麟者就来到村中一棵大树前拜土地、烧爆竹、打锣鼓、采青，再回到祖师牌前将“青”吐出。正月初一至十五连续十五天，舞麒麟者会到村中祠堂以及每家每户门前舞麒麟。麒麟所到之处，每户人家都会烧爆竹迎接，有的人家还会安排麒麟进行采青。另外，当地村民在祝寿、开市、入伙、新船下水等重要节庆仪式上，有邀请麒麟舞进行庆贺的习俗。

三角麒麟舞基本舞步有虚步、鹤立步、丁字步、弓步、麒麟步、托举等，以表现麒麟神兽的形态，向人们呈现麒麟的吉祥威仪。在三角镇，一批民间艺人自觉地传承麒麟舞的表演技艺，村中活跃着多支以舞麒麟为主的民间艺术队伍，如今还有东会、平安、居安三支麒麟队。

图 1－4 中山三角麒麟舞表演

6. 黄阁麒麟舞

黄阁位于广州市南沙区黄阁镇，旧名凤凰阁，又名黄旗角，因村后一小山冈凤凰阁而得名。宋代简称凰阁。南宋咸淳九年（1273），中原汉人麦氏五兄弟因战乱及传闻皇帝失妃事件，惧祸及而携家眷两百余人南迁到此定居，改凰阁为黄阁，隐寓相府台阁之意。现在共有 14 条村。黄阁镇面向狮子洋和珠江入海口，是一个历史悠久、民风淳厚的文明古镇。

黄阁镇素有麒麟之乡的美誉。相传，古时候有一灵兽神游百粤，在古海村上空看到当地一派祥和的景象，就降落在群山之中，流连忘返。自此这里就有了“麒麟之乡”的美誉。而麒麟本来就有天不怕地不怕的个性，更有镇邪的作用，因此深受人们喜爱。这个古海村，便是现在的黄阁镇。传说当年有个叫张友良的人，来到黄阁大井村，靠卖麻糖谋生，还把麒麟舞蹈和武术传授给当地村民。因此，大井村开始有了麒麟舞。黄阁麒麟舞至今有 100 多年历史，这百年来，每逢佳节喜庆，黄阁百姓都会舞起麒麟舞，表达迎祥纳福、祈求风调雨顺和国泰民安的美好愿望。

自清末以来，黄阁麒麟舞曾两度中断。一次是抗战期间，因战乱中断。1945 年赶走日本人后，村民们又舞起麒麟，在 1947—1948 年达到了一个新的高潮。另一次是“文化大革命”期间，因为政治运动而中断了十几年，许多麒麟舞师傅相继离开人世，导致黄阁麒麟舞的传承发展缓慢。

尽管麒麟舞由于历史原因曾经中断，但它在黄阁还是有很广泛的群众基础——各村都设有麒麟社，代代相传。

黄阁麒麟舞来自民间，具有浓厚的地方特色，经民间艺人重新改编后，从麒麟造型到舞蹈技艺都有了提高，并加入了脍炙人口的广东音乐《得胜令》，将锣、排鼓与广东大笛演奏、单打等八音锣鼓有机地融为一体，作为伴奏，充满了热烈的喜庆气氛和浓厚的广东特色。

参加麒麟舞是村民们的自发行为，纯粹出于个人的兴趣爱好。每逢周末的夜晚，各村麒麟队的训练就在本村的庙堂中进行。队员中年纪最小的有七八岁，最大的有七八十岁。例如，大塘村村委100多平方米的大堂，是麒麟队“和乐社”成员训练麒麟舞的地方。队伍中，年龄最大的已过七十，最小的还在上小学；有不少是兄弟、父子、爷孙。每到周末夜晚，大家都到这个地方玩麒麟舞。没有统一的服装，不少人甚至是赤膊上阵，用类似麒麟的很重的道具替代，有的重达九斤。几个小时训练下来，队员们挥汗如雨，却毫无怨言，因为他们把练舞当成一种享受。

2000年11月9日，由黄阁镇大塘村30多名地道农民组成的麒麟队，代表广东省参加在浙江省杭州市举行的首届“山花奖”全国民间广场歌舞大赛。他们表演的黄阁麒麟舞，与来自全国的18支民间艺术表演队进行决赛，这些队是从全国200多支队伍中筛选出来的，最后黄阁麒麟队以总分第一名荣登“山花奖”榜首，还获得杭州市民间艺术最高奖“金桂花奖”。

2011年南沙区非物质文化遗产麒麟传承基地在黄阁镇大井小学正式挂牌。基地充分整合该区文化馆、镇教文体中心的人力、物力资源，避免产生队伍人才分布分散、道具服饰分散等问题。同时，还通过学校，大力挖掘、保护和培养本土麒麟舞能人，加强对黄阁镇麒麟舞、武术等特色文化人才的扶持和培养，提升文化软实力，为黄阁麒麟文化的长盛不衰，为传统舞蹈的后备人才队伍建设提供强力支撑。

2014年，黄阁麒麟文化协会正式挂牌成立，协会在镇党委、镇政府的领导下开展麒麟文化的研究、交流、推广等活动，促进麒麟文化的繁荣发展。黄阁麒麟文化协会目前下设文化发展组和传承推广组：文化发展组负责麒麟文化的挖掘、整理与发展工作；传承推广组由省市级麒麟舞传承人等组成，开展麒麟舞技艺传承保护工作，策划、组织麒麟文化活动、麒麟舞表演及赛事，积极推广黄阁麒麟文化。协会还通过青少年麒麟舞人才培育，举办麒麟文化交流座谈会、研讨会等多种方式，促进麒麟舞的繁荣发展，鼓励黄阁麒麟舞走出去，提高黄阁麒麟文化的影响力。

图 1－5　黄阁麒麟文化协会

图 1－6　黄阁麒麟舞表演

附　黄阁麒麟舞获奖一览

1. 2000 年获首届“民间广场歌舞大赛”山花奖、金桂花奖、优秀组织奖。

2. 2001 年 10 月获广东省首届“黄阁杯麒麟大赛”金奖。

3. 2002 年 2 月获广东省首届“肇庆奥星杯兽类民间艺术大赛”金奖。

4. 2002 年 10 月获广东省首届“南海西樵山民间艺术大赛”金奖。

5. 2003 年 10 月获“东莞樟木头全国首届麒麟舞大赛”金奖。

6. 2005 年 9 月获首届“泛珠三角（广东汕尾）民间艺术节（九省二区）大赛”金奖。

7. 2006 年 2 月获“广东省民间艺术汇演暨云浮南江文化艺术节汇演”

金奖。

8．2006 年 5 月获第五届广州文艺精品一等奖。

9．2007 年 5 月获广东省非物质遗产保护中心深圳宝安区“岭南麒麟会”大展演最佳表演奖。

10．2007 年 10 月获中山市“二〇〇七粤港澳民间艺术邀请表演赛”最佳表演奖。

11．2008 年 10 月参加“第七届中国民间艺术节暨‘三花奖’中国民间飘色（抬阁）艺术展演与评奖巡游表演”。

12．2008 年 10 月获“广东省惠州小金口麒麟大赛”金奖。

13．2009 年 11 月获“第八届广东省鲁迅文学艺术奖”。

14．2012 年获“黄阁麒麟文化节暨全省麒麟舞邀请赛”金奖。

15．2014 年参加广州水乡旅游文化节汇演，应周边市区的邀请演出，给数百万观众留下深刻的印象并受到了好评。

16．2014 年 3 月，麒麟中学开发的特色课程“黄阁麒麟舞的传承与发展”获得广州市教育局次重点立项。

17．2016 年 7 月，麒麟中学麒麟舞队荣获广东省体育局举办的全省传统龙狮、麒麟锦标赛高中组第一名。

18．2016 年 12 月，麒麟中学的特色办学方案《弘扬麒麟精神，培养合格公民》获得广东省中小学特色学校创建优秀方案评比二等奖。

证　书

广州市南沙麒麟中学：

你校《弘扬麒麟精神 培养合格公民》荣获广东省中小学特色学校创建优秀方案二等奖。

特颁此证，以资鼓励。

广东省教育研究院

2016 年 12 月 6 日

图 1－7　麒麟中学特色学校创建优秀方案评比获奖证书

广东省体育竞赛

获奖证书

竞赛名称：2016年广东省传统龙狮、麒麟锦标赛

运动员姓名：广州市南沙麒麟中学

名次与成绩：男子高中组传统麒麟　一等奖

时间地点：茂名体育馆

组委会（章）签名

编号：

广东省体育局

2016年7月22日

图1－8　麒麟舞获一等奖证书

第二章　麒麟民俗

第一节　麒麟与工艺

麒麟，是上古中国人最期待出现的吉祥动物，它们的出现代表一代的幸福。因此，那时的人们希望麒麟总是伴随着自己，给自己带来幸运和光明，而辟除不祥。当上古时代的这种信仰被传承的同时，麒麟所具有的吉祥意义也随之被广大民众公认且牢牢地存在于人们的意识之中，麒麟便成了某种意念的象征、某种意境的表现、某种力量的显示，并启发人们的想象，引导人们的精神去契合某种意念，进入一种特定的境界，给人以希望、安慰和某种追求的力量，化入民俗生活之中，表现在民族文化的各个方面。

麒麟历来是传统工艺中最为人们喜闻乐见的装饰形象之一。因为这一瑰丽多姿、仪态万千的神灵瑞兽，不但集中了自然界各种动物美的大成，而且表现了超出自然本色的理想化的形式美，给人以吉祥的祝福和美的享受。在我国不少工艺美术形式中，都能发现麒麟的身影，例如民间年画的“麒麟送子图”，作为日常生活用具的麒麟装饰（图 2 –1 至图 2 –6）等。

一、工艺品

工艺品，即手工艺的产品，主要是指用手工或机器将原料或半成品加工而成的具有艺术价值的产品。工艺品来源于生活，却又创造了高于生活的价值。它是人民智慧的结晶，充分体现了创造性和艺术性，是人类的无价之宝。

通俗地讲，我们将原料或者半成品进行加工，就会形成工艺品。例如年画、剪纸、陶瓷、玉器等，都属于工艺品。

我国地广物博，历史悠久，无论是自然环境还是地理条件都非常优越，很多自然景观更是鬼斧神工、千姿百态。大自然在内力和外力的共同作用下，让一些东西发生形象的变化甚至质的变化而形成天然的“工艺品”。也许这就是大自然送给我们的最好回馈。

石头是我们身边常见的东西。在大自然和外力的作用下，石头会发生形状的变化，再加以改造和修饰，就会形成美丽的摆设品。自然，摆设品也讲究寓意，这和我国的历史文化内涵息息相关。

麒麟，作为我国的吉祥物，寓意太平、吉祥，自古以来深受广大百姓的敬仰。从古至今，我们在生活中很容易看到麒麟的图案，例如有些家族将其融入自己姓氏图腾、壁画等；还有做成各种图案，深刻影响到每个方面，例如图 2－1 所示的摆设品，其形状就像麒麟的头部。

自从进入青铜时期，人们就开始将各种图案融入青铜器中，成为一种美的象征。青铜器中的食器、酒器和乐器，在商周时代并不是一般的日用器具，而是用于祭祀的祭器，以及各种礼仪活动的礼器，这些礼器又叫重器或神器，象征着身份及权力，乃至国家王权。

随着冶炼技术的发展，从青铜过渡到铁器时代，金属冶炼技术也越来越成熟。金属用处也越来越广泛，无论是生产还是日常生活都不断地使用金属制品。麒麟图案也被制作成为饰品，如图 2－2 所示。

图 2－1　摆件

图 2－2　金银制品

二、纺织品

纺织，在我国早已盛行。根据史料记载，五千年前新石器时期即已有纺轮和腰机。西周时期，具有传统性能的简单缫车、纺车、织古式纺织机相继出现，汉代广泛使用提花机、斜织机，唐以后纺织机日趋完善，大大促进了纺织业的发展。

出于对美的追求，人们往往会在纺织的过程中将一些图案加入其中，以让纺织品显得更为漂亮和高贵。除此以外，人们进一步追求美，还会通过刺绣和布艺等深加工方式将图案变得更加美观。我们所熟悉的刺绣图案，常见的是花草图案，此外像麒麟这种具有特殊寓意的图腾和吉祥物，更是深受欢迎。

图2－3　刺绣

图2－4　布艺

三、建筑

从广义上来说，房屋、桥梁、隧道等都是建筑。建筑学是研究建筑及其环境的学科，它作为一门横跨工程技术和人文艺术的学科，是指通过人们对建筑的设计、技术和后续的加工，把人文的审美观和艺术融入建筑中。其所涉及的建筑技术以及作为实用艺术的建筑艺术，包括美学的一面和实用的一面，它们是两个不同的主体，有着明确的区分。二者虽有明显的不同但又密切联系，并且其分量随具体情况和建筑物的不同而大不相同，两者的关系是相辅相成的，不同的载体之间紧密相连。

为了追求建筑的美观和美感，人们通常会通过再加工的方式把美的一面直观地表现出来。随着建筑技术的进步，除考虑到建筑的实用性外，人们也更加注重对建筑美的追求。例如，在房屋的大门两旁放置雕像，在房梁上雕刻精美的图案。之所以这样做，首要是为了美观，以凸显房屋的高贵和大气，衬托主人的身份。另外，古人也非常注重风水，一般都会在门前或者庭院等位置摆放吉祥物，作为瑞兽的麒麟是首选。门前的石像或者雕像大多也会是麒麟的造型。还有，房前屋后许多地方都会雕刻图案，一般都是刻上如麒麟等一些具有吉祥寓意的图案。

图2－5 建筑饰物

图2－6 木雕花纹

四、风俗

过年，是中华文明重要的见证之一，最早可以追溯到殷商时期年头岁尾的祭神祭祖活动。在历史漫长演化过程中，形成许多特有的文化和习俗。我们最熟悉不过的是王安石的《元日》：

爆竹声中一岁除，春风送暖入屠苏。
千门万户曈曈日，总把新桃换旧符。

这首诗表现出了在爆竹声声响中，旧的一年即将过去，新的一年将要来临，春暖大地，万象更新。太阳照着千家万户，大家都在忙着将旧桃符换下，换上新的桃符。在岁尾年初之际，人们便用他们的农猎收获物来祭祀众神和祖先，以感谢大自然的赏赐。这里的“桃符”，指古代一种风俗，农历正月初一时人们用桃木板写上神荼、郁垒两位神灵的名字，悬挂在门旁，用来压邪，也作春联。

除了贴春联之外，我们还会想到剪纸和年画。过年，一般在家里会贴上许多剪纸画和年画等，而麒麟，则是很多剪纸画和年画的首选形象。

图2－7 剪纸

图2－8 年画《天赐麟儿》

第二节 麒麟与饮食

中国的饮食文化博大精深，独树一帜。作为幅员辽阔的多民族国家，中国各地区之间的差异性非常大，各地饮食习惯各有千秋，从而形成“一方水土养一方人”的饮食文化。

谈起中国的饮食文化，我们首先会想起八大菜系——鲁菜、川菜、苏菜、浙菜、徽菜、粤菜、闽菜、湘菜。西方人对中国食谱以及中国菜的色、香、味、形赞不绝口，这是中国饮食文化和西方文化的不同的重要因素。然而，如果要从比较的角度来探讨饮食文化，我们也可以从中更好地了解中国饮食文化的精髓。

“民以食为天”，中国饮食文化离不开传统文化的浸润。传统文化在形成、沉淀、积累的过程中也塑造了饮食文化，两者的关联是极其密切的。因此，我们有必要先对中国文化的某些特征作一阐述，再去了解中国的饮食文化。麒麟文化便是一例，其渗入到饮食文化之中，形成了独一无二的麒麟饮食文化。

图2－9　“火麒麟”（用材：芋头、南瓜、胡萝卜）

图2－10　“麒麟罗汉”（用材：各色面团）

图 2－11　“山东面花”（用材：面团）

图 2－12　“麒麟献宝”（用材：胡萝卜、黄瓜、地瓜）

图 2－13　“麟吐玉书”（用材：青笋、芋头、胡萝卜、鱼）

图 2－14　“麒麟鳜鱼胶”（用材：鳜鱼、娃娃菜、火腿、虾蓉）

第三章
麒麟中学特色课程：麒麟舞

第一节 特色课程介绍

根据《关于开展2013年普通高中特色课程申报工作的通知》，广州市普通高中特色课程建设工作领导小组办公室共收到72所普通高中申报的78门特色课程。经专家评审，有30所学校的30门课程通过2013年广州市普通高中特色课程立项（穗教基教〔2013〕50号），其中南沙区麒麟中学特色课程“黄阁麒麟舞的传承与发展”荣获广州市教育局次重点立项。

麒麟中学特色课程是在新课程改革的大背景下，以“以人为本，全面发展”的办学理念为指导，将民间文化——黄阁麒麟舞引入校园，通过麒麟舞的各种运动增强学生的体质，提高体育高考学生的综合素质，同时培养学生的团结协作与竞争意识。它还可以选拔部分优秀学生报考与麒麟舞相关的高等院校。

“黄阁麒麟舞的传承与发展”特色课程的最终目标是在师生中树立“选择麒麟、发展麒麟、成就麒麟、无悔麒麟”的信念，鼓励师生无论在学习中还是在生活中，遇到任何困难都要鼓起勇气、振作精神，奋发努力地进行自我挑战、自我奋进，充分展现“盛世麒麟”这一富有特色的校园文化形象。

图3-1 麒麟中学麒麟舞活动

广州市南沙区教育局

关于公布认定南沙第一中学“海魂育新”等五所高中的特色课程为南沙区普通高中特色课程的通知

各镇教育指导中心、各中小学：

为推动我区普通高中开展特色课程建设活动，通过建设普通高中特色课程提升我区普通高中学校办学水平、社会声誉，推动学校特色发展、多元化发展，区教育局已于2015年1月15日组织了一次南沙区普通高中特色课程评审活动。经专家评审，区教育局认定南沙第一中学的“海魂育新”课程、东涌中学的“水乡新韵”课程、大岗中学的“刚健教育”课程、鱼窝头中学的“弘毅教育”课程等四所高中的特色课程为南沙区普通高中特色课程，麒麟中学的“黄阁麒麟舞的传承与发展”课程已获得广州市普通高中特色课程立项，也一并认定为南沙区普通高中特色课程，现予以公布。

广州市南沙区教育局

二〇一五年二月十九日

（联系人：杨小平；联系电话：34682566）

图3－2　立项通知

第二节　特色课程实施方案

一、实施目的

根据国家和广东省《中长期教育改革和发展规划纲要》的精神，结合广州市教育局《关于普通高中特色课程建设的指导意见》有关要求，为了跟上南沙新区教育国际化的步伐，麒麟中学通过多方调研，结合办学理念及实际，决定将学校所属地区颇具特色的麒麟舞引进校园，并开设“黄阁麒麟舞的传承与发展”特色课程。旨在让学生了解地方麒麟舞的发展历史，热爱家乡文化，增强体质，获得快乐；使学生通过训练提高体育术科水平，进而拓宽升入高等院校相关专业深造的渠道；使麒麟舞在麒麟中学得以传承与发展，并最终对麒麟中学走出一条高中办学特色之路起到重要作用。

二、课程名称

黄阁麒麟舞的传承与发展

三、领导小组

组长：张恩球

副组长：宋正江　陈志明

组员：张云旗　齐吉生　梁少洪　巢永添　张雅瑜　林　鹰　张冠文
陈桂洪　杨敏怡　黎志荣　张爱勤　黄妙玲　鲁希哲　化兴磊

参与科组：体育组、语文组、历史组、英语组等

四、启动阶段工作安排

（1）2012 年 4 月 20 日前：初步制订实施方案。

（2）2012 年 5 月 10 日前：召开相关人员协调会议，落实场地、人员、经费等。

（3）2012 年 7 月 10 日前：做好前期各项准备工作，采购器材，招生宣传，资料整理。

（4）2012 年 8 月：正式启动。

五、启动阶段具体分工

1. 招生宣传组

组长：梁少洪

副组长：化兴磊

组员：齐吉生　黄靖宇　李震华　陈桂洪　杨敏怡　各班班主任

2. 器材采购组

组长：巢永添

副组长：张雅瑜

3. 教材编写组

组长：张爱勤

副组长：化兴磊　梁桂青

组员：林　鹰　黄妙玲　黄瑶芬　鲁希哲　徐小林

4. 联络组

组长：宋正江

副组长：张云旗　梁少洪　张冠文

六、正式上课阶段

（1）时间：2012 年 9 月。

（2）地点：学校运动场。

（3）队员补充和分工：高一年级新生入校后，由级组配合体育老师选拔队员，然后按照专家指导进行角色分工。

图 3－3　广州大学体育学院专家到麒麟中学研讨特色课程合作

图 3－4　广州大学体育学院专家到麒麟中学指导特色课程开展

图 3－5　教育部基础教育课程专家观看麒麟舞表演

附一　特色课程具体分工及课程安排

一、具体分工

体育组：负责协调联络训练的师傅，和学生们一起学习相关的套路和历史材料，并将相关动作、套路进行描述汇总，为教材的编写提供参考。负责教师：化兴磊。

语文组：负责教材的编写，具体包括文字的起草、校对，整个版面的构思等。负责教师：张爱勤。

英语组：参与教材的编写，负责将编写好的教材翻译成英文；选拔、培训英语口语比较优秀的学生，参与特色课程相关的外事活动，并向外宾进行特色课程的相关宣传、推介。负责教师：梁桂青。

历史组：负责挖掘麒麟舞的历史材料和黄阁镇麒麟舞风土人情的采风，并形成材料，作为教材的一部分。同时担负黄阁麒麟舞历史文化课的授课工作。负责教师：黄妙玲。

音乐组：负责音乐的采编、剪辑等工作，力求在原有音乐的基础上有所突破，形成特色。负责教师：林鹰。

美术、信息技术组：负责整套动作流程的图片、视频资料的拍摄、整理，并形成详细的材料体系，为教材编写提供形象的素材。负责教师：鲁希哲、黄瑶芬。

二、课程安排

5—9 月，由招生宣传组负责实施招生宣传工作。其中化兴磊老师负责招生宣传单的撰写和打印（共 5 份），由年级级长负责将宣传单分发给各班班主任，最后由班主任负责在本班宣传、推荐、报名。

9—10 月，由宋正江副校长牵头联络大井村师傅进校指导选人和初期学员的角色分工。

10 月，巢永添主任负责麒麟舞所需器材、服装的购置工作，张雅瑜老师负责相关经费的申请及报批工作。

11 月，期中考试后正式开始上课、训练。

黄瑶芬老师负责训练时的录像和影像资料的处理。

林鹰老师负责对麒麟舞的音乐进行记录，形成资料。

黄妙玲老师负责麒麟舞历史文化课的授课，上课时间为每周二下午第九节，上课地点为阶梯课室。

鲁希哲老师和黄瑶芬老师合作负责麒麟舞教材的绘图工作。

麒麟舞具体套路学习定在每周四下午第九节课，由大井村的师傅授课，化兴磊老师和学生一起学习，学习地点设在操场或架空层。

教导处负责相关老师工作量的统计。

广州市南沙麒麟中学

2012 年 10 月 30 日

附二　“黄阁麒麟舞的传承与发展”课程招生宣传单

根据国家和广东省《中长期教育改革和发展规划纲要》的精神，结合广州市教育局《关于普通高中特色课程建设的指导意见》有关要求，麒麟中学通过多方调研，结合学校办学理念及实际，决定将学校所属地区颇具特色的麒麟舞引进校园，并开设“黄阁麒麟舞的传承与发展”特色课程。旨在让学生了解地方麒麟舞的发展历史，热爱家乡文化，使全校师生在麒麟舞运动中增强体质，获得快乐与满足；使学生通过训练后提高体育术科水平，进而拓宽升入高等院校相关专业深造的渠道；使麒麟舞在麒麟中学得以传承与发展，并最终对麒麟中学走出一条高中办学特色之路起到重要作用。学校决定就“黄阁麒麟舞的传承与发展”招生如下：

一、招生对象：高一学生

二、招生人数：30

三、招生要求：身体素质好，学习刻苦，有舞龙舞狮基础者优先考虑。

四、报名方式：一年级各班由班主任组织统一报给化兴磊老师。

五、报名日期：即日起到5月15日止。

广州市南沙麒麟中学

2012年4月26日

附三 “黄阁麒麟舞的传承与发展”课程招生报名表

	名单
一年级（ ）班	

广州市南沙麒麟中学

2012 年 4 月 26 日

第三节　特色学校建设方案

特色学校建设，是全面实施素质教育的需要，是学校发挥优势、开拓创新的有效载体，是学校可以持续发展的关键。因此，为了深化课程改革，全面推进素质教育，丰富办学内涵，提高办学品位与办学水平，加快特色学校建设步伐，切实做好特色学校创建工作，依据省市文件精神，结合办学实际情况，麒麟中学确定了以“弘扬麒麟精神，培养合格公民”为特色学校创建的重点，特制订本实施方案。

一、实施背景

（一）学校简介

广州市南沙麒麟中学创办于2006年9月，是南沙建区以来新办的第一所区直属公办普通高中。学校坐落在拥有一百多年历史和“麒麟献瑞”文化传统的广州市南沙区黄阁镇，地处南沙区城市发展的中心地带麒麟新城。学校占地面积47 757平方米，按省一级36个班标准建设。2016年学校升格为完全中学，有18个高中教学班、8个初中教学班，学生1 187人，教职工99人。其中高级职称教师17人，中级职称教师30人，中高级职称教师人数占专任教师总数的58%；研究生学历的9人。

建校之初，学校就确立了“以人为本，全面发展”的办学理念。以“求真、崇善、尚美”为校风，以“有教无类、教学相长”为教风和“博学、审问、慎思、明辨、笃行”为学风。在师生中树立“选择麒麟、发展麒麟、成就麒麟、无悔麒麟”的信念，把“奋勇、奋发、奋进、奋飞”的麒麟精神运用于学校特色办学理念中。

学校重视校园育人环境的建设，塑造内涵丰富、特色鲜明的校园文化，充分发挥环境育人的功效。校园环境建设，不仅是形象的包装，同时也是潜在课程的开发。在做好“绿化、美化、净化”的基础上，凸显高品位、高格调的环境氛围，努力做到“让校园洋溢书香气息，让每一处都体现育人功能”，让每寸土地每项设施都成为学生受教育的场所。如浮雕块面“科技创造未来”“厚德载物”——洋溢着智慧的朝气和文化的高尚，是麒麟中学极富文化特征的一道人文景观。又如“奋发麒麟”文化石——从一个侧面折射出学校的精神风貌。徜徉在“国学长廊”和“校园之窗”之间，流连在雕像之前，沐浴在书香里，浸润在文化中，可让人感悟人类文明，涵养人文精神，陶冶情操。今天的麒麟中学，校园环境优美，文化气息浓郁，已经成为学子健康成长的乐园。

麒麟中学自2006年开办以来就一直重视学校办学特色的挖掘。几年来，该校选取了以艺术、体育高考术科为突破口的路子，取得了较为显著的成绩，每年向高校输送一批批艺术、体育人才。目前已经基本形成艺术、体育术科培养特色。2013年4月，麒麟中学结合地方特色设计开发的特色课程“黄阁麒麟舞的传承与发展”被广州市教育局审批为市次重点立项特色课程。希望通过“弘扬麒麟精神”这一抓手引领学校更好的发展，为学生提供更好的成长环境。

（二）学校发展背景

麒麟中学的高中一直属于广州市第六组生源，初中从2016年开始开设，加上办学时间短、年轻教师多等方面原因，在短时间内要求教学成绩有重大突破是不现实的。因此师生普遍缺乏信心，甚至感到悲观失望。通过调研，我们发现：

第一，学生方面：①挫折感强、自信心弱；②缺乏意志毅力和良好习惯；③认知发展水平滞后；④生活、学习态度消极；⑤谋求自身发展，有很大的潜能和发展空间。

第二，教师方面：①缺乏自信、爱发牢骚；②缺乏干劲、态度消极；③想求发展，缺人引路。

面对这种现状，我们觉得当务之急是首先要确定好办学定位，即要思考到底把孩子培养成什么样的人才算成功。如果单从中考、高考成绩的指标来衡量教育显然是不合适的。我们的办学如果仅从中考、高考这个维度逼着孩子和别人比拼，只会让孩子更加没有自信。其次，就是要尽快通过文化引领、渗透，唤醒孩子生命中原有的自信与自强，激起他们对未来人生的美好希望。为此，我们挖掘麒麟文化，提炼出“麒麟精神”的三个内涵——自强不息、敢为人先、追求卓越。

二、“弘扬麒麟精神，培养合格公民”的内涵

（一）麒麟精神的具体阐释

麒麟自古以来就是祥瑞之兽，麒麟文化博大精深，麒麟中学在麒麟文化基础上，结合学校办学实际，提炼出麒麟文化的三个精神内涵：自强不息、敢为人先、追求卓越。

自强不息，语出《周易·乾》：“天行健，君子以自强不息。”自强指自己努力向上；息意为停止。全句意思是自觉地努力向上，永不松懈。这句话文辞渊雅、意蕴深厚，与奋发图强、坚忍不拔、永不懈怠的麒麟精神相契合。自强不息要求全校师生“居弱不甘弱，图强先自强”，团结一致，克难奋进。教师要弘扬甘于吃苦、乐于奉献的精神，学生要发扬努力拼搏、刻苦学习的品格。这是麒麟精神的基础。

敢为人先是要求全校师生有不怕困难、乐观向上、志存高远、敢为人先的勇气和魄力，一步一个台阶，一年一点进步，这是麒麟文化的进一步发展。

追求卓越是要求全校师生再接再厉、趁势而上、团结奋进、超越自我，为实现学校卓越发展和全体师生幸福人生而努力。全体成员要有梦想、有追求，这是麒麟文化的最高境界，也是学校发展的远景目标。

（二）合格公民的具体阐释

我国宪法规定：公民指具有一国国籍，并根据该国法律规定享有权利和承担义务的人。

什么才是合格的公民？深圳市福田中学前校长李建国认为，一个合格的公民除了要具有比较好的基础知识、基本技能外，还需要具备现代社会所需要的法制精神、责任意识、权利意识与先进的价值观。上海嘉定二中校长周凤林认为，充分地了解并能正确而合理地享有这些权利和履行这些

义务的人，就是合格的公民。做人的基本底线就是做合格的公民！

我们认为，合格的公民就是享有权利时，能树立平等意识，懂得维护自己的权利，同时也尊重他人的权利；承担义务时就要树立责任意识，为国为家为社会敢于担当，勇于负责。在当代，它的内涵则更为明确，那就是具有社会主义核心价值观的合格公民。

三、创建目标

（一）麒麟精神与培养目标

1. 成人比成才更重要，成长比成绩更重要

结合麒麟中学生源和入学情况来看，我们认为能让学生考上专科学校已经很不容易。如果仅从高考升学率这个角度来逼学生学习显然不合适。再看看当下在“唯分数论”引导下培养出来的孩子，往往经受不了挫折，缺乏自我保护能力，缺乏安全意识，缺乏爱护自然、珍爱生命的品质，凡事以自我为中心，缺乏与人有效沟通、和谐相处的能力，缺乏理想和诚信，缺乏责任意识等。如果在高中阶段我们只关注成绩而不把好这几道关口，就谈不上为学生的终身发展负责。基于这种现状，我们提出“成人比成才更重要，成长比成绩更重要”，教育者眼光要更加长远，绝不能认为将学生送出校门就万事大吉。基础教育就要为学生的终身发展奠基。

2. 成人就是培养具备麒麟精神的公民

综上所述，麒麟中学的办学追求明确——培养具备麒麟精神的合格公民，即让每一个学生通过高中三年的教育，打上麒麟精神的烙印，将自强不息、敢为人先和追求卓越的麒麟精神内化成终身发展的卓越品质，最终成为国家未来的建设者和接班人，成为对社会有用的合格公民。每一个麒麟学子，想要成为一个合格公民，首先必须要有自强不息的精神品质，要乐观自信，不怕吃苦；其次要具有仁爱之心，处事公正，遵纪守法，恪守道德；最后还要敢于梦想，勇于追求，追求卓越。具体来说，除了必须拥有比较全面的文化素养外，还必须具有爱己、爱人、爱国的品质，也就是必须要有健康的身心、仁爱的善心、报国的忠心，其中爱己是基础，爱国

是目标。三者由低到高，正体现了我国“培养德、智、体等方面全面发展的社会主义事业的建设者和接班人”的教育方针。

麒麟精神：
- 自强不息——珍爱生命　自强自信
- 敢为人先——规矩诚信　合作竞争
- 追求卓越——敢于担当　和谐创新

（二）合格公民的具体品质

基础教育主要培养的是未来的建设者和接班人，即合格的公民。结合高中学生特点，反思近年来社会出现的许多不良现象，我们认为，合格公民首先要懂得爱自己。爱自己是爱他人、爱社会、爱国家的前提。爱自己首先是自己要健康，即要有健康的身心。具体来说，就是要拥有强健体魄以及热爱自然、珍爱生命、自信自强的良好品质和卓越人格。

合格公民其次要懂得爱人。爱人就是要学会尊重他人、理解他人、关爱他人、感恩他人。要懂得恪守基本的伦理道德和正确的待人方式，具体来说就是围绕我们一生必须牵涉的各种人际关系，要做到父子有亲、上下有义、夫妇有情、长幼有序、朋友有信、群我有仁等，还要具备规矩意识、合作意识和竞争意识。

合格公民再次要懂得爱国。爱国就是要遵纪守法，勇于担当，敢于梦想。具体来说就是要有文化、有责任、有理想，能够为实现国家富强、民族振兴、人民幸福的美好生活目标而努力。这是合格公民的最高境界，也是教育的最终目标。

合格公民
- 爱己——健康的身心（强健体魄、热爱自然、珍爱生命、自信自强）
- 爱人——仁爱的善心（尊重他人、理解他人、关爱他人、感恩他人、父子有亲、上下有义、夫妇有情、长幼有序、朋友有信、群我有仁、恪守规矩、懂得合作、敢于竞争）
- 爱国——报国的忠心（遵纪守法、勇于担当、敢于梦想、有文化、有责任、有理想）

（三）麒麟精神与合格公民的联系

1. 培养目标一致

麒麟精神的三个内涵是要培养学生拥有自强不息、敢为人先、追求卓越的人生信念。自强就是培养学生拥有健康的身心，培养学生珍爱生命、具备基本的生存能力和自我保护能力的意识；遇到挫折和困难甚至面临绝境时都要有充足的自信和超常的勇气、毅力；仁爱，不仅是爱自己，还要爱别人、爱国家、爱社会，教会学生学会与他人相处，包括亲朋好友、邻里同事，要克服一己之私，宽容待人待事；追求卓越就是培养学生树立敢于梦想、敢于担当、敢于追求的信念，主动担负起为实现梦想和幸福和谐的美好生活而奋斗的责任和勇气。这三个培养目标就是培养合格公民所要实现的。

归结起来，麒麟中学的办学目标是“以平凡的教育培养学有所长、品行端正、视野开阔的合格公民”，简而言之就是“以平常心，育合格人”。办学追求是：认认真真办学，踏踏实实育人，以人格唤醒人格，以智慧启迪智慧，以平常的心态办好百姓满意的教育。

麒麟精神 → 合格公民
- 自强不息——珍爱生命、自强自信—健康—爱己
- 敢为人先——规矩诚信、合作竞争—仁爱—爱人
- 追求卓越——敢于担当、和谐创新—幸福—爱国

2. 思想品质要求一致

麒麟精神所要培养的品质也正是培养合格公民所要具备的品质，就是要通过三年的高中教育使每一个麒麟学子养成有益于终生发展的必需品质，终生打上麒麟精神的烙印。麒麟中学培养的学生学业成绩也许不是最优秀的，高考成绩也许不是最理想的，但他们做人的品质一定是靠得住的，是令家长、学校和社会放心的。具体品质见表3－1：

表3－1　具有麒麟精神的合格公民必备品质

自强不息	自信　自强　团结　奉献
敢为人先	规矩　诚信　合作　竞争
追求卓越	责任　理想　和谐　创新

四、“弘扬麒麟精神，培养合格公民”特色教育的实践体系和策略

（一）以主体性实践活动培养学生的公民素养

浙江嘉兴高中校长徐新泉有个非常好的经验，就是学校德育一定要遵循主题确定、专题推进、品牌形成的有序过程。将一所学校的主体价值观内化为学生的品德是德育工作的关键。每所学校的德育工作都不能游离于学校教学工作之外，真正的德育是每位教师都能通过言传身教自觉激发学生的主体性和能动性，培养学生自省、自律和自主发展能力。学校通过系统化、科学化的建构，逐渐形成独特有效的主体性德育模式。

基于这一德育模式，麒麟中学围绕“合格公民教育”这一主题，采用分年级、分专题、重体验的活动模式，开展主体性实践活动。高一年级定位为“健康之麒麟（爱己）”，高二年级定位为“仁爱之麒麟（爱人）”，高三年级定位为“幸福之麒麟（爱国）”。以此规划每个年级的学生发展目标，将麒麟精神和公民教育的必备素养分解到不同阶段，设计相应的学生活动，并逐步形成“麒麟中学主体性实践活动体系”，由大到小，按照三级指标逐步推进。内容包括自我规划、自我修养、自我历练、自主实践等主要系列。

学校把“内养”和“外塑”作为主体性德育的两个向度，开展“生命和健康系列教育活动”，培养学生树立爱护自然、珍爱生命、健康生活的良好素养，并通过逃生、防骗等模拟演练，引导学生形成自我保护的意识和能力。开设“人伦教育系列讲座”，培养学生懂得传统的伦理之道，学会与不同关系的人融洽相处的基本常识和能力。利用学校作为南沙区指定的“中小学法制教育基地”这一优势，开设模拟法庭特色社团，结合校内外较多资源，对学生进行法制教育、诚信教育和感恩教育。高三阶段，利用成人宣誓、高考誓师等活动，培养学生树立理想、报效祖国的远大志向。主体性公民教育的实施，大大加强了学生的公民意识，使“合格公民”内化为精神素养，外化为行为习惯。

学校坚持通过具体实践活动加强学生综合能力和公民素质的培养，让学生在实践体验中巩固知识、形成能力。高一年级入学前先开展军事训练，对学生进行国防教育和纪律教育，并开展升国旗、站队列、急救、逃生等比赛，选拔学校新一届国旗手，为顺利进行高中学习打好坚实基础。高二年级开展志愿者活动，让学生走进工厂、社区，学会与人交往，提高与人相处的能力，更加深入了解社会，为将来顺利走上社会打下基础。高三年级开展走进大学考察活动，激发学生大学梦想，增强理想信念，树立报国志向。此外，在全校范围内还定期开展防火、防骗、防灾、防踩踏、防溺水等安全教育活动或讲座，引导学生树立安全意识，增强自我防护能力。

表 3－2　麒麟中学“主体性实践活动体系”一览表

一级指标	二级指标	三级指标
高一：健康之麒麟（爱己）	生命教育	爱护自然，珍爱生命 自我保护和安全教育 生活常识和生存教育 逃生、防骗应急训练
	健康教育	健康的生活习惯 走进自然，保护生态 自信乐观 绿色生活

（续上表）

一级指标	二级指标	三级指标
高二： 仁爱之麒麟 （爱人）	人伦教育	父子有亲，上下有义，夫妇有情，长幼有序，朋友有信，群我有仁
	法制教育	公民的权利和义务 学法、知法、守法、护法和用法 社会主义核心价值观 青春期与性知识 国防知识与国家安全 网络道德与网络安全 民族团结 强烈的规则和秩序意识 中学生行为规范 公平公正与民主平等
	诚信教育	为人诚实 言行一致
	感恩教育	懂得感恩 践行报恩 尊重与宽容
高三： 幸福之麒麟 （爱国）	爱国教育	国情与国家意识 传承中国传统文化与中华文明 为国家富强、民族复兴努力奋斗 努力学习报效祖国 了解国防，增强责任意识 对自己负责，对家庭负责，对集体负责，对社会负责
	理想教育	社会理想 生活理想 坚定实现“中国梦”的信念
	创新教育	主动实践 独立思考 学会选择

（二）以课程建设引领学生全面发展

课程建设是学校教育教学工作的核心，也是贯彻落实办学思想的必要载体。麒麟中学以“弘扬麒麟精神，培养合格公民”为主体，将学校课程规划和开发放在学校所有工作的核心地位，建立以目标导向为原则的课程体系。在满足学生需求和培养目标的基础上，以“课程引领、主题推进、注重体验”为原则，根据学校人才培养总体目标和课程目标的定位，在保障国家课程的前提下，对学校的课程进行重构，将课程从内容上划分为国家课程、地方课程和校本课程，特别增加了公民教育课程的容量。

麒麟中学根据学生生源状况，确立了学校的学生发展观：让学生找回自信，体验成功，全面发展。根据学生入学成绩及后续发展潜力，因材施教，对学生进行分层培养，制定了符合本校学生全面发展的策略，即“锁定目标生，抓好临界生，开发后进生”。在高考规定完成的必修和选修课程学习方面，学校从高一开始就对成绩相对优异的少数学生进行锁定，将他们和选拔出来的体育、美术术科生作为高考的重点培养对象，进行有针对性的培优；同时再选出相对有潜力的部分临界生，对其进行弱科帮扶，通过定期的学科辅导，使他们的文化课也有上升的空间；对后进生，除了采取定期文化课补差的方式外，更多的是因势利导、尽其所长，为他们开发设计社团活动和兴趣小组活动，让他们在活动的过程中找回自信，体验成功，促其发展。

除了完成国家课程中必修和选修的课程外，学校还开设了综合实践课程，围绕研究性学习、社区服务和社会实践三方面具体开展体验式活动；地方课程特别开设了“麒麟舞特色课程”和“科技创新培训课程”，以本校被广州市教育局立项的特色课程“黄阁麒麟舞的传承与发展”为重要抓手，进一步进行麒麟精神的学科渗透；校本课程围绕“合格公民教育系列课程”着重培养学生的综合素质和公民素养。语文课每周拿出一节课作为阅读课，在全校各班开展图书漂流活动；每天下午第九节全面开放，开展社团活动和兴趣小组活动；在全校范围内坚持每年开展四大节活动（读书节、科技节、体育节和艺术节）。麒麟中学特别重视学生体育和艺术修养的培育，体育和艺术也是一个好公民必需的素养。学校除了在校内普及特色课程中麒麟舞的训练外，还将麒麟舞专修班与高考武术专业对接，拓展与相关高校的沟通与联系，争取赢得更多的支持和指导。此外还开设了体育和美术高考术科，拓展了学生升学成长的渠道；重视艺术和体育活动的开展，让学生在广播操比赛、麒麟小歌手比赛、环保设计宣传画比赛以及体育节、艺术节中大显身手，收获自信和成功。

针对目前越来越不重视阅读的现象，学校特别关注培养学生阅读习惯的养成。为了打造书香校园，培养学生养成热爱读书的好习惯，麒麟中学在课程设置上为语文学科专门设置一节阅读课，教师带领和指导学生在阅览室读书、研讨，学校还专门配合语文科组开展全校范围内的读书竞赛；此外，考虑到学生学习紧张，没有时间到图书馆借书的实际情况，学校开展了图书漂流活动，将图书分配到各班，人手一本，月内先进行班内漂流，月后进行班际漂流。这一举措大大增强了学校读书的氛围，提高了学生的语文素养。以前参加市区的古诗文阅读大赛和写作大赛很少获奖的现象明显改变，学校语文学科的知名度也越来越高，语文科组还被评为南沙区优秀科组。

为了促进学生的全面发展，麒麟中学专门提出“四促”学生发展模式：以教促学，以赛促学，以测促学，以活动促学。特别是社团活动和兴趣小组的开设，深受学生的青睐。近年来开设的主要社团有：暴风羽协会、篮球社、乒乓球协会、拼图模型社、DV 微记录社、科技游戏联盟、DIY 创意社、金话筒主持人协会、Hear the Call 协会、沁绿文学社、樱花漫研社、劲舞团、魔力四射魔术协会、模拟法庭协会、麒麟话剧社、脑力训练营、魔方社、“折”出新天地协会、English Club 等，大大丰富了校园生活，激发了学生的学习兴趣，提升了学生的综合素养。

任何一所学校追求的终极目标都是实现学生的健康成长和全面发展，这是学校工作的根本落脚点。学校除了重视文化课的学习外，还将开设的公民课程通过活动拓展的形式，按年级、分专题有序推进，促进学生道德品质的发展和提高。高一年级定位为“走近麒麟——与现实对话”，高二年级定位为“奋发麒麟——与社会对话”，高三年级定位为“成就麒麟——与未来对话”。学校通过开发设计各种有益的活动课程，将麒麟精神和合格公民应该具备的品质分解到各个年级进行培育和内化。

（1）生命教育。针对现实社会中出现的有的年轻人不珍惜自己和他人生命、不爱护自然、不爱惜动物等现象，学校结合“生命不保，谈何教育”“爱护自然，珍爱生命”“自我保护和安全教育”“生活常识与安全教育”等课程，以及“防火、防灾、防骗”等专题讲座，让学生懂得珍爱自己和别人的生命，懂得生存和应急的技巧，健康快乐地过好自己的人生。

（2）自强教育。自强不息旨在要求我们对生命、对生活抱有永不放弃、永不停止奋斗的信念。针对学生刚入校时自卑感强、缺乏斗志的现象，学校通过“这里，一片肥沃的土壤”“认识自我演讲”“自信人生讲座”“麒麟文化特色课程”等活动课程，唤醒学生用积极的心态面对现状、面对生活，充满热情和自信地走在人生的道路上。

（3）诚信教育。孔子云：“人而无信，不知其可也。”（《论语·为政》）针对当前社会上各种道德失范现象对学生产生的负面影响，特别是近些年来相继发生的“毒奶粉”“瘦肉精”“地沟油”“彩色馒头”等事件，学校全面开展了诚信专题教育，通过“名人成功之路”“心理与健康”“传统文化中的诚信故事”等课程，倡导学生当老实人、说老实话、做老实事。主要采用三种方式：一是专题讲座，明诚信之理；二是实践体验，做诚信之人；三是讨论总结，固诚信之果。通过开展形式多样的教育活动使学生懂得诚信乃立身之本，是作为一个合格公民的必备素养，守住了诚信，就守住了人品，守住了人格。

（4）宽容教育。孔子认为一个真正成功的人有包容、恭敬、诚信、灵敏、慷慨五德，而包容（仁）是五德之首。约翰·格雷说：“宽容给予我们再度去爱的机会，又帮助我们敞开心怀，既能给予爱，又能接受爱。”每年寒暑假，学校都会布置一道开放性的作业——“我当一天小家长”，这一天学生要负责全部家务，从买菜做饭到打扫卫生，计划一天的开支，这在充分锻炼学生自主能力的同时，让他们懂得尊重和理解家人，体谅父母，宽容待人。

（5）责任教育。责任是应尽的义务，是分内应做的事。责就是责任心、事业心；做事要用心，无责就无心，无心则事不成；责任感是一个人做好任何一件事都不可或缺的优秀品质，责任心是成就事业的可靠保障。近年来，由于责任缺失带来的后果触目惊心：一起起惨痛矿难给人民生命财产造成重大损失，一种种假劣食品导致许多无辜百姓受到伤害，一次次污染造成难以挽回的生态灾难。学校通过“与社会对话”“责任缺失会怎样”等活动课程，培养学生做一个负责的人，对自己负责，对家庭负责，对学习负责，对工作负责，对国家负责。

（6）人伦教育。历史上，儒家将父子、君臣、夫妇、兄弟、朋友五种人际关系称为“五伦”。“五伦”观念的提出可以上溯到孔子，相传是子思所作的《中庸》中曾引用孔子的话：“君臣也，父子也，夫妇也，昆弟也，朋友之交也。五者，天下之达道也。”到了孟子的时候，关于“五伦”的规范有了明确的表述，孟子云：“父子有亲，君臣有义，夫妇有别，长幼有序，朋友有信。”如今由于独生子女日渐增多，很多孩子对诸如阿姨、舅舅、伯父、叔叔等很多亲属关系的词语几乎分辨不清；大学生走入社会后，在单位不懂得如何与上下级、同事相处，在家里不懂得如何与父母、兄弟姐妹、邻里和谐相处，甚至过于自私，婚后不懂得夫妇相处之道。人伦教育应引起学校教育的足够重视。为此，学校设计开发了“中国传统的人伦之道”专题讲座，专题阐释“父子有亲、君臣有义、夫妇有别、长幼有序、朋友有信”的人伦思想在现实社会中的意义与价值，教会学生懂得人伦之道，为他们日后走上社会与人和谐共处打好基础。

（7）规范教育。所谓“无规矩不成方圆”，如今的学生大多数是独生子女，往往娇生惯养，个性很强，规范意识淡薄。因此，学校要下调工作重心，从养成教育抓起，树立规范意识。

（8）感恩教育。每一个人的人生成长和事业成就都离不开社会的保障、家庭的关爱、师友的帮助。我们开展“爱己爱人爱祖国”系列活动，让学生充分体验感恩，学会珍惜，并珍视自己拥有的一切。

在近年的文化课程和公民教育专题课程的实施过程中，学生逐步形成了学业不断进步、身体素质过硬、品德良好、兴趣爱好广泛的特点。教育部专家和市区各级专家对学校进行指导时，都对麒麟中学学生身处农村、基础薄弱的不利情况下所表现出来的学业有所发展、个性大方自信以及良好的品德素养大加赞许。麒麟中学学子在家孝顺父母，在校尊重师长，在社会遵守公德，一系列的成绩和结果证明了学校所走的“培养合格公民、促进全面发展”探索道路是完全正确的。

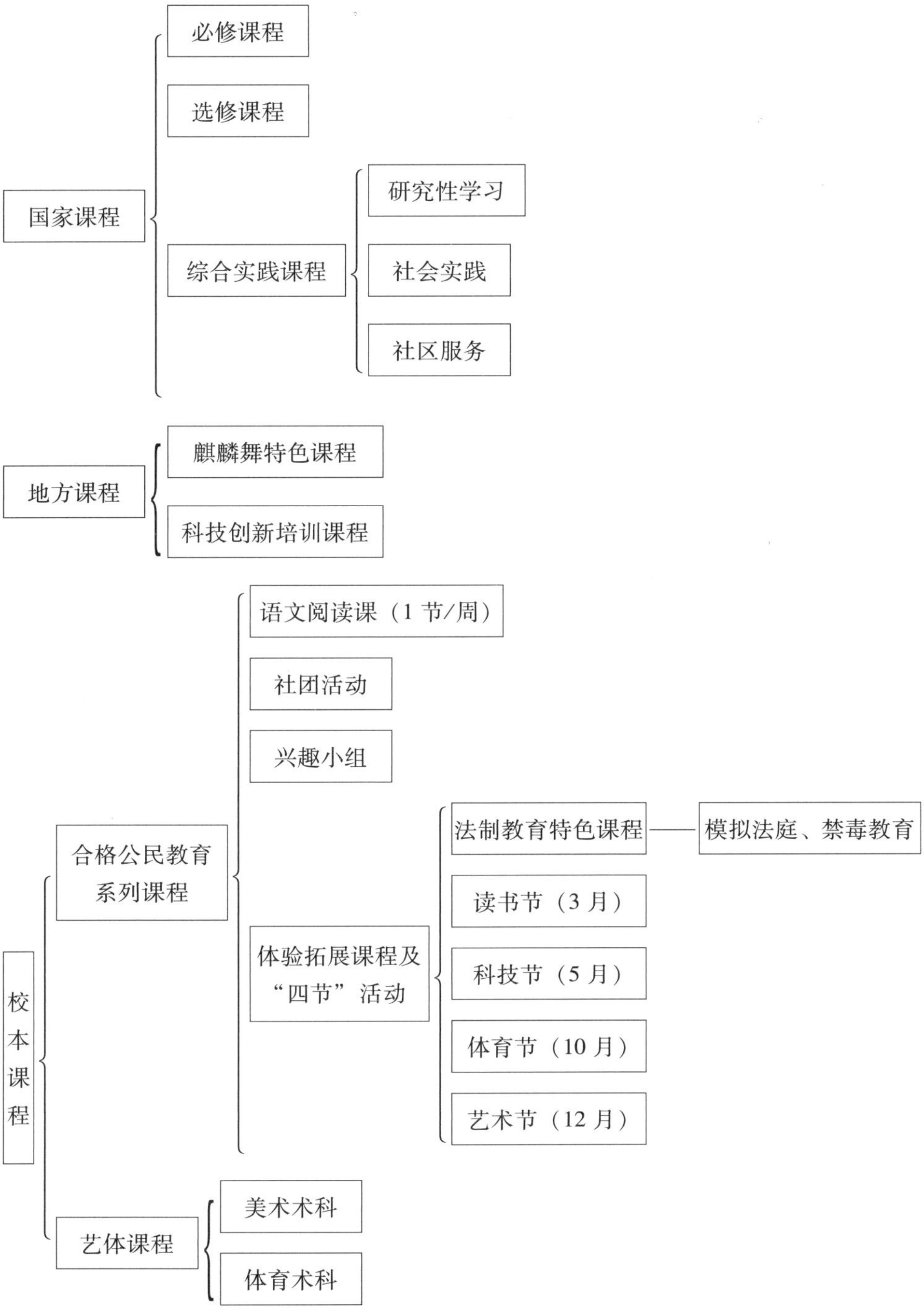

图 3－6 麒麟中学培养合格公民课程总体设置

表3－3　麒麟中学“合格公民教育”拓展课程一览表

<table>
<tr><th></th><th>知识拓展课程</th><th>专题教育</th><th>实践体验</th></tr>
<tr><td>高一：
走近麒麟——
与现实对话</td><td>“这里，一片肥沃的土壤”“认识自我演讲”“自信人生讲座”“麒麟文化特色课程”“名人成功之路”“心理与健康”“生命不保，谈何教育”</td><td>自信、自强、团结奉献、爱国爱校、青春与梦想、生命的价值、人生发展规划的设计、安全教育</td><td rowspan="3">1. 专题讲座
2. 社会实践
高一军训、志愿者服务；高二社会考察、革命传统教育、农村社会实践；高三走进大学校园
3. 读书节、体育节、科技节、艺术节、传统节庆活动
4. 社团活动
篮球社、沁绿文学社、麒麟话剧社
5. 主题活动
逃生演练、防骗常识模拟表演、防灾防踩踏防溺水专题教育</td></tr>
<tr><td>高二：
奋发麒麟——
与社会对话</td><td>“与名人对话”“时政热点追踪”“青春与健康”“名人成功情商启示”“法制教育系列课程”“经济与生活”“艺术与人生”“民主与法制”</td><td>规矩、诚信、仁爱、宽容、公正、民主、中华文化、社会与责任、合作与竞争、安全与法制</td></tr>
<tr><td>高三：
成就麒麟——
与未来对话</td><td>“与社会对话”“择业指导”“心理与健康”“科学与生活”“环境保护”“感恩母校系列活动”</td><td>责任、理想、和谐幸福、理想与信念、成功与失败、择业教育、感恩教育、十八岁成人仪式</td></tr>
</table>

（三）以教师的专业发展为学生的发展领航

《教育规划纲要》指出：强国必先强教，强教必先强师。2014 年 9 月 9 日习近平总书记到北京师范大学慰问时说：“一个人遇到好老师是人生的幸运，一个学校拥有好老师是学校的光荣，一个民族源源不断涌现出一批又一批好老师则是民族的希望……”习总书记指出，做好老师，要有理想信念、道德情操、扎实学识、仁爱之心，把自己的温暖和情感倾注到每一个学生身上，以欣赏的方式增强学生的信心，用信任树立学生的自尊。

可见一个好教师对孩子一生的成长是多么重要！教师是学生发展的直接引导者，学校“弘扬麒麟精神，培养合格公民”的教育理念如果得不到教师的响应，所有的教育理想和教育目标就无法达成，为此，麒麟中学提出了“以人格唤醒人格，以智慧启迪智慧”的思想。

学校教师中的2/3是35岁以下的年轻教师，加上生源较差、教师结构性缺编等原因，教师普遍存在缺乏自信、爱发牢骚、缺乏干劲、态度消极、想求发展和缺人引路等实际状况。为此，麒麟中学确立了本校的教师发展观——让教师不断成长，体会快乐，制定了教师的发展策略“外扶内研”，即“外寻帮扶，内靠‘三研’”。

1. 外寻校际结对帮扶

现代学校管理越来越注重两个方面：一是如何抓实教学常规管理以提高教育教学质量；二是如何抓好教师梯队建设，促进教师的快速成长。两者是相互影响、相互促进的关系。一所学校教师的专业发展犹如人体的血液循环系统。当一个人自身造血功能健全的时候，可以自给自足；当一个人的供血不足无法提供必要保障时，只能靠外部输血。

麒麟中学2006年建校，35岁以下年轻教师占2/3，部分科组教师配备不足，生物、物理科组教师全都是年轻人，备课组人数偏少，有的学科备课组只有1人。这些老师即便是使出浑身解数，牺牲课余时间，也难以提高自身的业务水平。因此在具体的工作中，学校提出了“自身造血不足”就“请求别人输血”的年轻教师培养策略。

（1）确立教师发展理念。确立学校教师发展的理念，定位是以学促教，以研促教，以赛促教。而针对学校的实际情况，前两个方面靠自己很难实现，需巧借他山之石。

（2）选好结对帮扶目标。大家把可能结对帮扶的学校逐一梳理后，选取急需帮扶的科组，同时选取实力较强、能够热心帮扶的学校，最后确定语文组与华南师范大学附属中学邹寿元名师工作室结对；生物组与南沙一中吕金龙组长领导的生物团队结对；物理组与省实验中学天河学校物理特级教师周兆棠为组长的团队结对，后来又就近与南沙一中徐辉名师工作室结对。

（3）确定具体帮扶对象。每个科组每次活动需要全体参与，但要全部培养不太可能。于是学校在每个科组每个年级选定一名年轻教师重点培养，帮扶学校的相应科组也按年级的顺序安排一位经验丰富的教师结对帮扶，这样就可以做到点面结合，重点突出。

（4）制订帮扶方案。结合实际，明确帮扶时间、帮扶地点、帮扶目标等，要做到有始有终，有过程，有行动，有评价。学校向上级相关部门申请一定的帮扶经费作为物质保证。

（5）注重帮扶细节。校际结对帮扶，年轻教师作为受益方，要积极主动、谦虚求教，要富有灵性和悟性；同时要坚持不懈，力争每周都要去对方学校听课、评课，还要参加他们的集体备课。平时要养成只要有问题就随时联系的习惯。另外学校还专门聘请几所学校的名师深入本校开办讲座、进行同课异构活动、教研交流等。

（6）注重过程监督。无论是“请进来”还是“走出去”，学校都要加强过程监督，要求随时与支援学校保持联系，了解情况。中间还要相互走访，召开几次座谈会。学期过半以及结束前均要安排被帮扶的年轻教师开课汇报，促其成长。

2. 内靠“三研”模式提升

麒麟中学提出的“三研”教师成长模式，是为了促进教师尽快成长而设计的，具体就是：以“调研”规范教学常规，以“教研”提升教学质量，以“科研”引领教学创新。

（1）以“调研”规范教学常规。

首先是采取“调研周”的形式。所谓“调研周”就是根据学期整体工作安排以及年级工作特点而设计的教学督导方式，原则上是按年级、分时段进行，目的是掌握年级教学状况，督促监控教学质量，促进教师专业发展。具体过程可分为以下四步：

一是确定调研计划。在开学第一周开启课堂行动计划，教导处布置整体规划，然后根据学校总体安排确定每个年级的调研时间。

二是组建调研队伍。调研组成员由校级、中层、科组长、年级质量管理小组成员、备课组长等组成。

三是确定调研主题和内容。调研主题一般设计为“诊断、改进、提高”。调研内容包括备课、课堂、作业、教学管理等方面。要求各学科所有成员在调研期间至少要听被调研年级学科任课教师一半人数的课，至少参加一次备课组的集体备课，检查任课教师的教案及作业批改情况。还要深入课堂和学生中间抽查了解教师的教学情况，主要目的是通过调研发现教学中存在的问题，之后提出改进意见。

四是总结并反馈调研结果。学科调研组长将组内所有成员调研情况汇总，写出调研报告，于调研结束后一周在被调研的年级教师会议上通报，总结优劣，指出问题，深刻反思，及时整改。

除了组织好自己开展的调研之外，还应充分利用区教育发展中心以及其他上级部门来校调研的机会，请教研专家把脉诊断，虚心听取专家的反馈意见，及时调整、改进。此外，还应根据不同阶段暴露出来的突出问题进行专题式调研，从而为及时解决教学中存在的问题找到最佳方法和路径。

这种教学调研方式，经过实践，发现有以下益处：①通过调研、督促，被调研者认真遵守教学常规，按教学规律办事。实践证明，经过调研，教师们备课比平时更认真，课堂教学更加精彩有效，作业批改也及时细致，这样的教学态度使教学效果得到明显提升，自然更加受到学生的青睐。②对调研者也有很大的促进。首先让教师们都积极参与到学校教学管理当中，参与过程即学习的机会。③对全体教师和学校整体发展均有好处，教学常规得到进一步完善，教学质量自然会随之提高。同时通过每次调研，学校不断熟悉了解每个教师的教学水平及工作态度，为今后教师的工作安排及评优评先等提供了可靠的依据。

（2）以“教研”提升教学质量。

一是改变教研组长例会形式，不像过去那样每次都是分管领导布置工作、强调注意事项等机械形式，而是转变为教学部门在开学初的科组长会议上将各科组教研计划细致归类并进行点评，进一步制订学校的整体教学规划及研究导向。科组长例会隔周召开，每次例会都定出主题和主讲人，由科长们自荐比较擅长的主题或教导处指定主题及发言人进行演讲，这样就使教研组长例会能开出特色，开出效果。

二是集体备课做到务实有效。备课组长由那些教学经验丰富、责任心强的教师担任。每次备课做好分工，备课过程允许求同存异，可以出现思想的交锋；资深教师能毫无保留，年轻教师也就收获颇丰，对彼此的快速成长大有好处。另外，备课组教师要善于发现、选择针对本学科教学实际的小角度、小课题进行研究，如开放性教学如何做到放与收，放的过程如何调控，收的方式有哪些；备课组成员如何进行同课异构，他们教学的异同具体表现在哪里……这样的集体备课不是为了应付检查，不是停留在备课表层，最后的效果可想而知。

三是重视每学期一次的优质课评比或者开放日活动。每次优质课评比或开放日都要确定一个主题统揽全线。主题要结合学校每个阶段存在的突出问题来设置，可由浅入深分阶段、有梯度进行设计。如“如何解决闷课现象”“如何实现课堂的真正有效”“如何化教为学”“如何化有效为高效”等。每次比赛或开放日，教学部门都提前组织、安排，教师们精心准备，这样，无论对开课者或听课人都会起到应有的促进作用。每次活动结束后都及时召开全体教师大会进行表彰、总结，总结时可请评委代表进行点评，请获奖代表进行经验分享，最后由学校领导作全面总结，肯定成绩，指出问题，明确导向，以使接下来的教学工作更好地推进。

四是选好各学科的领军人物。选出学校的学科带头人或教学骨干担任科组长，引导他们不断钻研，重视科组教学资料的收集积累，包括教学录像、教学设计、备课录像等。并注重结合录像资料对每个教师的课堂教学进行反思与研究，不断提高科组教师的教学水平。

五是教研管理工作要常抓不懈，不断规范，形成制度。科组长例会、考试质量分析会、家长会、调研反馈会以及教学常规检查、教学反思、教学总结和教学论文的收集整理等均形成常态化。特别是年级质量分析会要开实、开好。年级组长要提前对考试整体状况进行研究，指定学科、班级管理、备课组、任课教师等进步比较突出的代表进行交流发言，促进共同提高。

(3) 以“科研”引领教学创新。

一是学校专门安排教导处负责教师的继续教育、校本开发与培训、特色课程建设与申报，课题申报与研究指导等。校长在全校带头鼓励教师参加校本培训以及课题申报，并把教师大会的大部分时间让位给校本培训，由教导处精心设计培训内容，既促进教学管理，又促进教师的专业发展，为将来打造专家型、学者型名师打下坚实基础。

二是教导处充分发挥部门领导和学科骨干的积极作用。平时善于发现每位教师特别是骨干教师的优势与教学特长，经常通过他们的讲座对全校教师进行校本专题培训。同时针对教师们职称评审中出现的问题，学校还专门开设论文写作指导及课题申报指导等讲座。

三是围绕学校教学中出现的突出问题进行专题研究，以期寻求较好的解决方案。学校生源质量处于广州市六组生源中的最后一组，学生之所以输在中考，不是智商问题，而主要是基础较差带来的极不自信，以及由于不自信产生的不良学习习惯使然。突出表现是学习没有热情，成长没有自信，上课昏昏欲睡，下课与书无缘。学校根据这一特点，特别提出了“如何解决闷课现象”的专题研究，采取听评课研讨、专家讲座、教学设计比赛、论文评比、优质课大赛等多种形式，围绕闷课现象进行专题研究，取得了较好效果，最终将课堂教学中部分学生的无效教学化为有效教学。

四是大胆探索新型课堂教学模式，积极开展微课改工作。针对课堂较为沉闷、教法比较保守的现状，学校提出“没有改革就没有出路，没有创新就没有发展”的口号，积极学习先进经验，大胆进行课改实验。去年，麒麟中学借鉴了周边兄弟学校课堂改革的经验，在本校进行“基于学生能力培养的参与式教学模式”的研究，主要是鼓励、倡导大家进行小组合作式的学习模式。由于部分教师理念还没有转变，完全实行课改的条件还不太成熟，学校采用部分班级和部分学科带头尝试的“微课改”方式。

（四）以校园文化建设构建精神家园

学校教育最高的境界就是文化育人，文化的积淀和传承需要“内化”和“外塑”。如何让麒麟文化和合格公民理念相互渗透并内化为学生的品质，除了以上各种方式外，麒麟中学还从以下几个方面入手，对校园文化进行建设，以期构建特有的精神家园。

（1）广泛宣传，大力推进，全员参与。利用升旗仪式、班会、集会等多种形式进行学校主体办学思想的渗透，形成上下一心、共同浸润的良好氛围。

（2）学校的文化建设紧紧围绕办学思想进行布局，分别将二、三、四楼的文化景观设置为“自强不息、敢为人先、追求卓越”三个主题，选取相适应的名言警句进行布置，体现由低到高的麒麟文化特色景观。校园主体布局突出“弘扬麒麟文化，培养合格公民”的办学思想，将“以平凡的教育培养学有所长、品行端正、视野开阔的合格公民”和“以平常心，育合格人”以及“勤勤恳恳办学，踏踏实实育人，以人格唤醒人格，以智慧启迪智慧，以平常的心态办好百姓满意的教育”等内容作为主要宣传标识。

（3）以特色课程为载体，将麒麟文化进行学科教学渗透。

（4）学校三个年级以“自强社”“仁爱社”“幸福社”等循环命名，每个年级结合相应的文化主题进行渗透，使学生三年毕业后，可以充分体会麒麟文化的精髓，形成具有麒麟特色品质的人格。

（5）高三毕业班赠送给母校的礼品可以引导设置为“活的文化景观”，如送几棵树，种一片竹林，捐建一座亭等。还可以让学生自己围绕麒麟文化的三个阶段为礼品命名，如“奋斗石、幸福林、幸福长廊、公正亭、麒麟阁”等。

五、实施策略

（一）以管理促发展，调控教育教学整体进程和细节落实

学校教研制度、学科组研讨制度比较完善，各项教育常规常抓不懈。教师队伍建设走常规化、科学化发展之路。通过名师培养工程、青年教师培养工程，制定培养标准，细化培养内容，明确考核和评估要求，鼓励教师们将教育反思经常化，教育成果体系化。力求让教师们形成这样一种习惯：备课之前读书；上课之前集体备课；上课之后，名师引领、学科组研讨；课后整理上交教学设计、教学反思；利用论文评选等机会，提升教学反思质量，形成教育论文；新理念回归教育教学实践。

（二）以培训促提升，引导教师走内涵发展之路

要让课堂教学焕发生机，首先得唤醒教师的成长意识，让每一位教师都能近距离感受新思想、新理念的洗礼。

（三）以科研为抓手，探索生命教育的规律和方法

麒麟中学将科研工作摆到学校发展的战略地位，科研管理制度健全，进一步强化过程管理、自主管理和精细化管理，形成“日常教学问题化、常态教学精品化、问题研究课题化、科研成果情境化”的工作理念。

（四）以新课标为指导，深化教育教学改革

如何让课堂成为温暖的课堂，更具亲和力，更加开放，使课堂生成更多无法预设的精彩是学校应该格外关注的。促进各年级、各学科教师挖掘课程资源，从不同角度构建麒麟文化课堂，形成各学科具有典型意义的麒麟文化课程体系。

（五）以情感体验为策略，开展不同年级德育教育及班级文化建设

制订学校学年及学期德育工作规划、年级德育工作规划和班级建设计划，结合学校整体目标、年级目标和班级具体目标，开展有针对性的麒麟文化教育活动，不断总结经验和成果。

六、保障条件

（一）教育行政的领导力保障

学校领导重视学校教育科研和教育教学改革，健全政策、制度，将特色建设作为学校进一步发展的抓手和契机。校长率先垂范，引领学校发展。

（二）教育科研指导力的保障

在校长的领导下，学校教导处负责特色项目申报、阶段成果总结等文字的具体撰写工作。对学校麒麟文化教育主导课题和子课题实行精细化过程管理，配合教务处完善课程开发和评价工作。

（三）教师行动力的保障

在多年麒麟文化教育理念的引领下，全体教师的主动发展意识越来越强，名师引领、同伴互助、自主探究的专业发展思路日益清晰，行动力日益增强。

（四）经费保障

学校坚定不移地把学校特色建设放在学校科学发展和创办优质教育的首要位置。切实履行推动学校特色建设的重要职责，切实保证学校特色发展，财政资金优先保证学校特色建设的投入、重点项目的投入、教师队伍建设和学生队伍建设的投入。

七、实施步骤和进度安排

（一）环境建设

学校将对整个校园进行重新规划、设计，创建充满文化气息、根植传统底蕴的、具有本校特色的教室文化、走廊文化及校园文化等育人环境，营建良好文化氛围。

（二）制度建设

进一步修订师生考核评价机制，体现人文性、民主化管理特色，最大限度地激发师生积极工作、乐于学习、团结合作、主动发展的进取精神。

（三）加强校本课程的教学研究与再开发工作

校本课程是特色学校建设的主要工作载体，体现学校的培养目标并实现学校教育精神。因此必须抓好校本课程开发工作，建设有源头活水的开放的校本课程体系。

八、政策支持

特色学校创建是学校教学质量和教学改革的重要组成部分，为了促进项目的建设，学校需做好以下政策和措施的支持：

（一）学校领导高度重视

学校领导高度重视特色建设工作，根据推进需要，制定相关政策文件，明确人员分工。校长负责项目的整体推进、学校文化定位及项目论证，副校长负责课程开发和课堂管理，德育处负责德育管理及班级管理，明确责任，定期评估。

（二）邀请专家指导

在项目申报、论证、实施和总结阶段，邀请相关专家学者来学校举办关于课程建设的专题讲座和培训，并进行现场指导。

（三）专项资金投入

学校设立了专项资金，用于特色学校创建工作。对硬件配置进一步完善并提升其质量。对经过评审列入麒麟文化教育课程建设规划的课程，学校根据情况给予重点经费投入，并针对课程的硬件设施进行重点投资。对有推广意义的课程进行表彰奖励。

（四）重视教学团队建设

学校出台鼓励政策，聘请知名专家和名师参与校本课程的开发；选派优秀骨干教师到省内外各学校学习研修，积极参加学术会议、教材编写、科研等工作，提高本课程教学团队的整体素质和能力，对学校名课程团队进行嘉奖。

（五）建立发展性评价机制

发展性评价机制处处体现着学校对教师的人文关怀，服务于教师和学校未来的发展。在学校管理实践中，构建这一科学的教师评价机制，必将优化教师队伍，大大提高教学质量，推动基础教育的改革与发展。

第四节　麒麟舞动作

一、马步训练

马步训练分为以下六个动作：

①挺胸收腹，目视前方，双手贴裤缝，五指并拢，双脚并立站好

②上身姿势不变，双脚尖分开45°

③上身姿势不变，双脚跟分开 45°

④上身姿势不变，双脚尖再分开 45°

⑤上身姿势不变，双脚跟再分开 45°

⑥双手变拳收于腰间，拳心向上，气沉丹田，脚尖内扣站稳

图 3－7　马步训练

图 3-8 学生训练马步（一）

图 3-9 学生训练马步（二）

图 3－10　学生训练马步（三）

图 3－11　学生训练马步（四）

二、黄阁麒麟舞动作十八式

黄阁麒麟舞动作十八式分别为：第一式畀礼、第二式出洞、第三式发威、第四式咬尾、第五式踏尾、第六式寻青、第七式踢青、第八式探青、第九式食青、第十式醉青、第十一式吐青、第十二式打瞌睡、第十三式睡觉、第十四式洗身、第十五式游花园、第十六式打沙、第十七式献瑞、第十八式谢礼回洞。

具体动作如下：

第一式　畀礼

抱拳拱手，左手压右手体现和善友爱之意。首尾侧向观众起势，然后转向观众，上肢抱拳，下肢成虚步，右脚在前。

图 3－12　畀礼

第二式　出洞

麒麟出于洞穴，见于郊野。古人认为，麒麟出没，必有祥瑞。出洞前为防止其他猛兽攻击，先左顾右盼，然后跑跳出洞，好不欢腾。

图 3－13　出洞

第三式　发威

麒麟高傲刚猛地绕头，显示出一副威严的气势。头部俯视，左右侧向交叉“女”部3~5步。

图3－14　发威

第四式　咬尾

麒麟绕圈走动的同时，扭头追着尾巴，做咬尾的动作。尾巴有节奏地伸缩。一般咬尾转动一圈。

图 3－15　咬尾

第五式　踏尾

麒麟一脚踏住伏地的尾部，头部俯视尾部，并做左右扭动头部的动作，转身和抬腿同步。

图 3－16　踏尾

第六式　寻青

麒麟四处觅食（寻青），表达了通过寻找“得食”后又惊又喜的乐趣。

图3－17　寻青

第七式　踢青

麒麟寻到青后，重心在两前蹄间交换，把青向前踢弄后，成“金鸡独立”状。踢青需绕场一圈，其间不用交换踢青的脚，脚悬空，脚尖向下。

图 3－18　踢青

第八式　探青

麒麟头部探青的时候，冷不防被尾部抢走，形成了头尾争食的场面。这里争抢是重点，虽然头尾一体，为了逗趣，头尾又成了两个独立的个体。

图 3 – 19　探青

第九式　食青

麒麟一口把青咬住，尽情品尝其滋味。

据传："麒麟得食，日行千里。"

图3－20　食青

第十式　醉青

麒麟食青而醉，头重脚轻，摇摆不定，脚步蹒跚。这里头部向下、侧下或者往侧边轻柔地抖动。头部时而左摇，时而右摆。

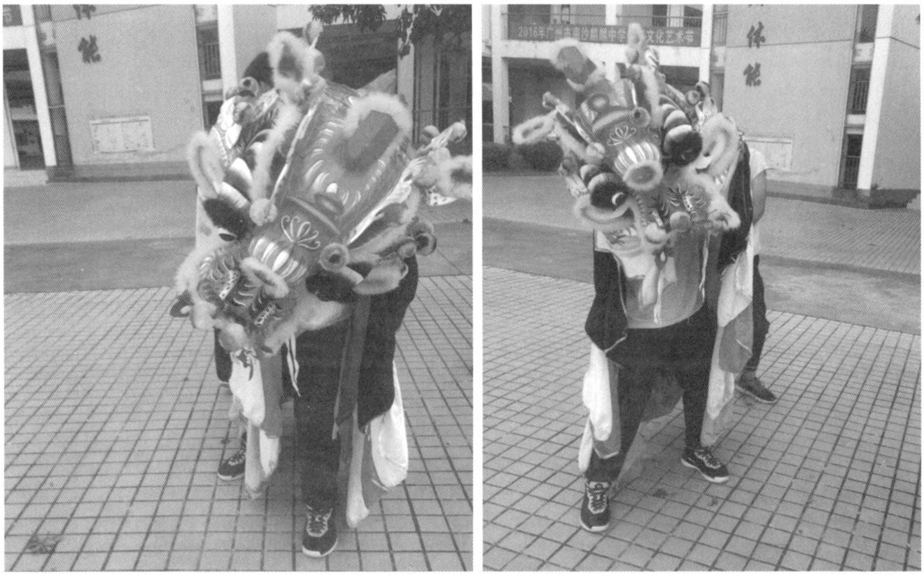

图 3－21　醉青

第十一式　吐青

食青后，麒麟又饱又醉，不吐不快，脖子一伸，把青吐出。吐完后俯身，低头后退。

图 3－22　吐青

第十二式　打瞌睡

麒麟吃饱后昏昏欲睡，尾部在后面推头部，但是不能将其唤醒。

图 3－23　打瞌睡

第十三式　睡觉

麒麟香甜酣畅地熟睡，分别有左侧睡、右侧睡、仰卧睡，不断变换睡觉姿势。

图 3－24　睡觉

第十四式　洗身

麒麟以前蹄抹眼、耳、口、鼻，以舌头舔洗蹄、身、肚、尾等。

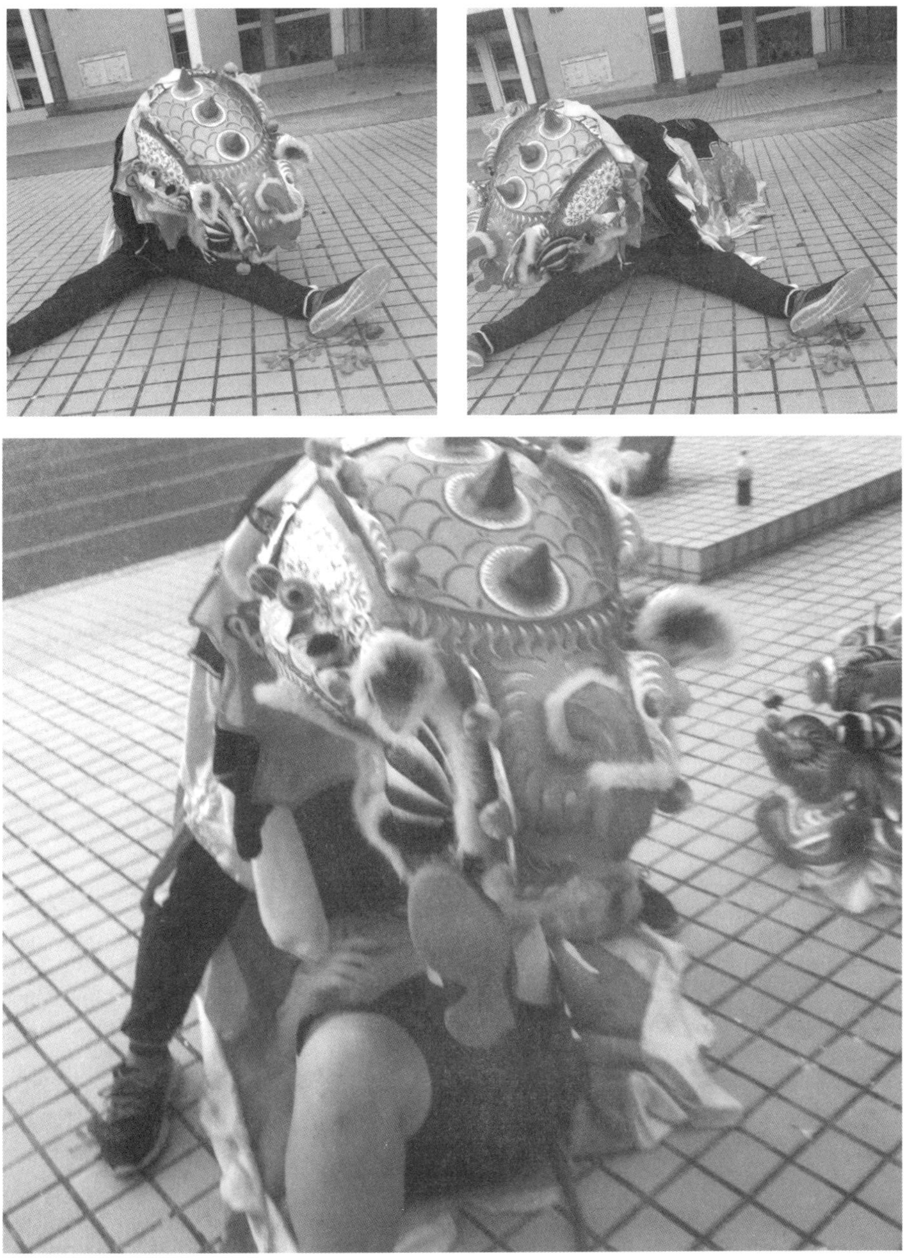

图 3－25　洗身

第十五式　游花园

舞者咬口下蹲，踢地扑翅起舞，好不活泼。向前、向侧或转身，头尾呼应。

图 3－26　游花园

第十六式　打沙

麒麟在地上打滚，左右各一次，俗称“碌地沙”。根据舞台需要，节奏可快可慢。

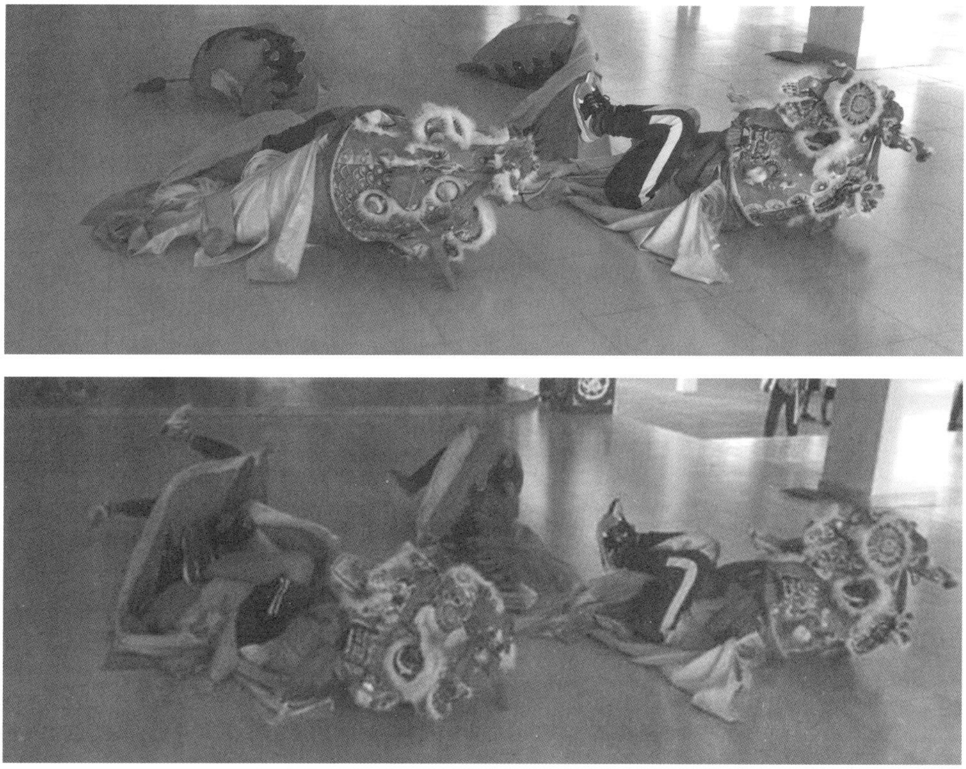

图 3－27　打沙

第十七式　献瑞

麒麟口吐玉书，祝福四海升平、万民安康。一般该动作结合“叠罗汉”来用。喜庆表演时可用不同的祝福语。该动作在表演将近结束时使用。

图3－28　献瑞

第十八式 谢礼回洞

麒麟向后下方点头，仿佛在弯腰鞠躬，然后欢腾跳跃，乘兴而归。

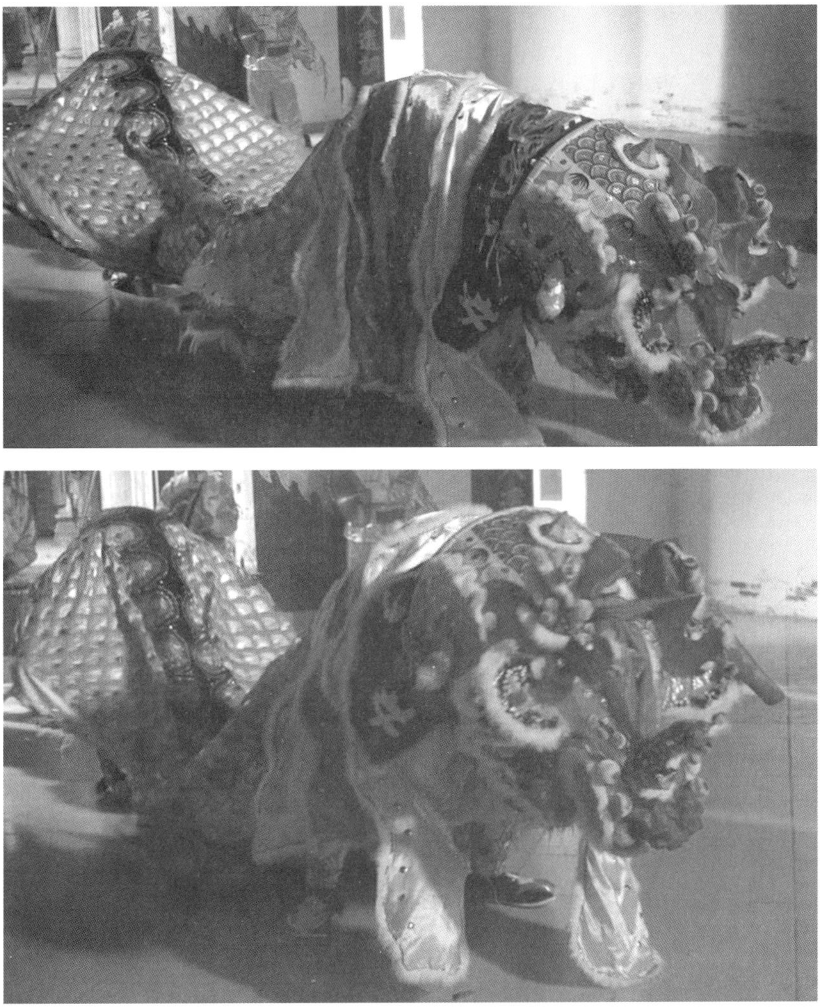

图 3－29 谢礼回洞

三、黄阁麒麟舞主要表演队形

黄阁麒麟舞表演队形有以下四种：

队形一：一字形。

队形二：三角形。

队形三：圆弧形。

队形四：叠罗汉。

四、黄阁麒麟舞主要入场方式

黄阁麒麟舞主要有以下三种入场方式：

方式一：列一条队，依次入场。

方式二：列两条队，两边对面入场。

方式三：穿插入场。

第五节 麒麟舞音乐

音乐，是一种旋律，是一种节奏。音乐是舞蹈的灵魂，麒麟舞也不例外。麒麟舞音乐源远流长，博大精深，风格鲜明，为民众所喜闻乐见。它主要是民间音乐，如同黄河长江，历经时间的冲刷而不绝于世，尽管沿途又纳入其他支流，但始终保持气魄和个性。

图 3－30 麒麟舞音乐的主要乐器

一、麒麟舞音乐乐器

音乐作为一种重要的艺术表现形式，在人们的社会生活及实践过程中发挥着十分重要的作用。要让麒麟舞更加惟妙惟肖、引人入胜，自然少不了音乐的点缀。目前，麒麟舞音乐用到的主要器具有大鼓、大锣、小钹和铜钵。

鼓，是我国既古老又传统的打击乐器。《礼记·明堂位》记载："其勺，夏后氏以龙勺，殷以疏勺，周以蒲勺。土鼓蒉桴苇籥，伊耆氏之乐也。"这表明，早在伊耆氏之时就已有"土鼓"，即用陶土做成的鼓。鼓发音坚实、铿锵有力，具有声音传播范围广、速度快的特点，能够产生良好的共鸣。由于古代没有即时通信工具，发生什么事情，很难以口口通报的方式传播，于是鼓就作为一种工具，被用做军队助威和敌军到来时的警报。只要鸣鼓，就知道有情报，就会作出相应的紧急预案。相传在黄帝征服蚩尤的涿鹿之战中，“黄帝杀夔，以其皮为鼓，声闻五百”（《太平御览》卷五八二引《帝王世纪》）。上古时代的战鼓，皆由鳄鱼皮制成，意寓取鳄鱼的凶猛习性以壮鼓声。周代时期，就专设了管理鼓的官职，《周礼·地官司徒》载，“鼓人，中士六人、府二人、史二人、徒二十人”。这可以看得出周代非常重视鼓的作用，专门设置“鼓人”来管理鼓制、击鼓等事。鼓人管理各种用途的鼓，如祭祀用的雷鼓、灵鼓，乐队中的晋鼓等。其中，专门用于军事的叫“汾（音）鼓”，据《说文解字》，这是一种长八尺、鼓面四尺、两面蒙革的大鼓。此外，路鼓、晋鼓等也用于军旅，这些鼓后来发展为各种规格的战鼓，在军事上得到普遍运用。

图 3－31　鼓

锣是一种金属类的打击乐器，用铜冶炼而成，结构比较简单。锣身呈圆形的弧面，四周以边框固定。演奏者用木槌敲击锣身正面的中央部分，因振动而发音。锣最早是古代居住在滇池地区的濮族人和壮族先民骆越部族使用的乐器。在广西贵县罗泊湾一号墓中，还出土了汉代的百越铜锣。可见，锣在我国已有 2 000 多年的历史了。秦汉以后，随着民族间的交往，铜锣逐渐向内地流传，6 世纪前期才传到中原，但见于史籍的时间较晚。到了元代，除民间的迎赛神社常常鸣锣外，锣还成为杂剧的主要伴奏乐器。元代以后，戏曲艺术的不断发展为锣的运用开辟了广阔的天地。到了明清，其在昆曲伴奏中更是占有重要地位。据清代李斗《扬州画舫录》载，昆曲伴奏用到了云锣、小锣、大锣和汤锣等。近百年来，锣在地方戏曲、民间音乐、民间娱乐和节庆活动中被广泛应用，甚至还成为小贩和江湖艺人招揽生意的工具。

图 3－32　锣

图 3－33　钹

钹，又称铜钹、铜盘，民间称镲，是一种打击乐器，碰奏体鸣乐器的一种。国内外乐队都有使用。铜质圆形的乐器，中心鼓起，两片相击作声。初流行于西域，南北朝时传入我国。明清后随着民间歌舞、说唱和滑稽戏的不断发展和成熟，钹成为戏曲的重要伴奏乐器。钹历史久远，用途广泛，被用于民族音乐、地方戏剧、吹打乐和锣鼓乐中。钹源于西亚，最早出现在埃及、叙利亚，以后在波斯、罗马等古国都有流传；在东方，先见于印度，后传至中亚，据《北帝书·神武记》记载：钹是在公元350年左右，随天竺乐传入我国。6世纪初期，铜钹在北魏民间已很流行，并很早就在梵乐中使用。钹在隋代九部乐中，已用于天竺、西凉、龟兹、安国和康国五乐中。据史料记载：在唐代，十部乐中有七部用钹，尤其在燕乐中，还有正铜钹与和铜钹之分。在敦煌千佛洞的隋唐壁画和成都五代前蜀皇帝王建墓的乐舞石刻中，已绘有敲击铜钹的人像。明清之际，钹是昆曲等地方戏剧的伴奏乐器。

二、麒麟舞鼓点音乐

黄阁麒麟舞十八式动作的鼓点音乐有：第一式界礼、第二式出洞、第三式发威、第四式咬尾、第五式踏尾、第六式寻青、第七式踢青、第八式探青、第九式食青、第十式醉青、第十一式吐青、第十二式打瞌睡、第十三式睡觉、第十四式洗身、第十五式游花园、第十六式打沙、第十七式献瑞、第十八式谢礼回洞。最后为连接过度鼓乐。

鼓点音乐节拍如下：

麒麟舞音乐节拍

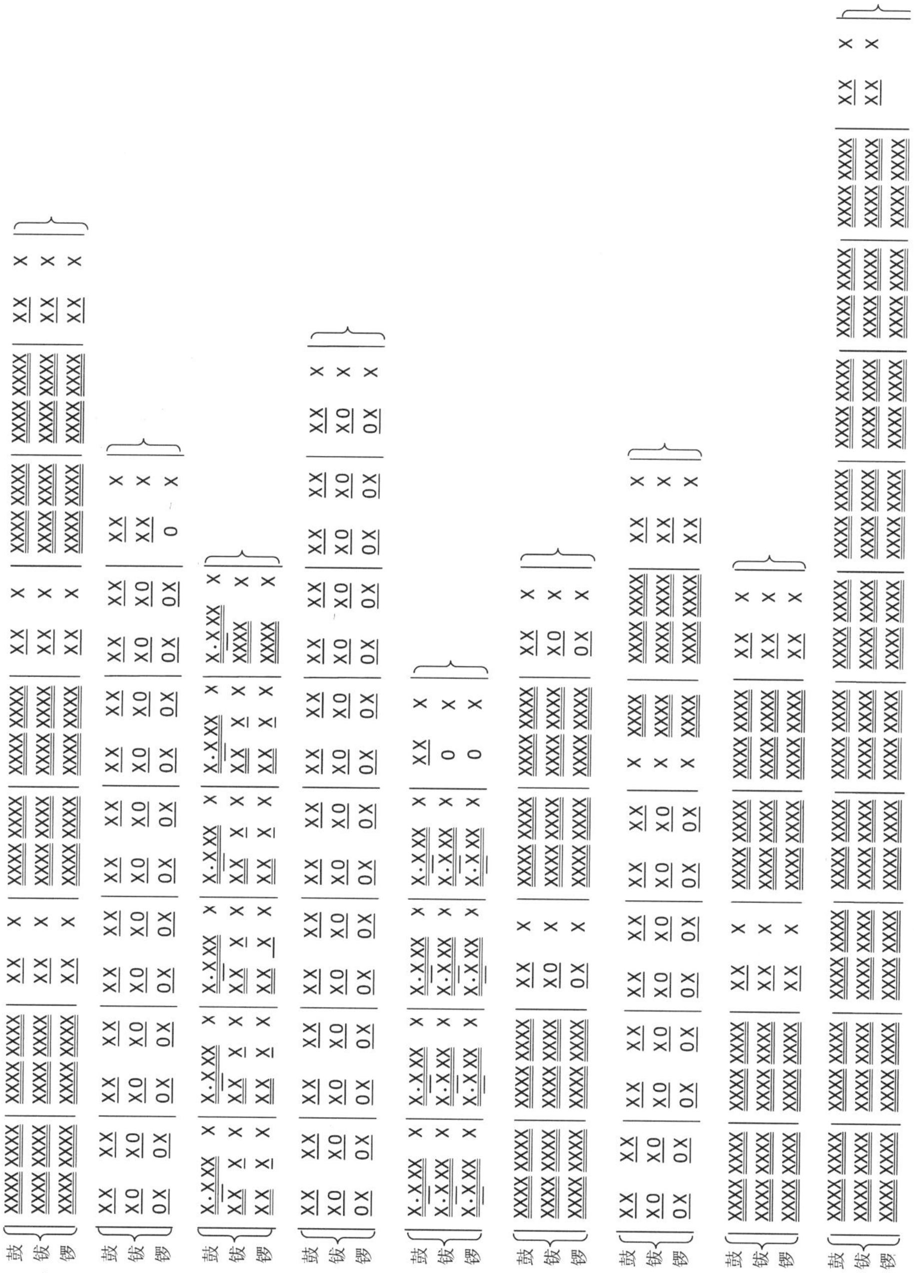

第六节　麒麟舞服饰和旗帜

由于我国以红色、黄色为吉祥喜庆的颜色，所以麒麟舞以红色、黄色为主色，配以少数绿、白、黑等颜色作衬托装饰。这样，人们一看到麒麟舞的场面，就感到吉祥喜庆、心情愉悦。

图 3－34　麒麟舞服饰和旗帜

第七节　麒麟舞开场套路——莫家拳

莫家拳被誉为“广东五大名拳”之一，原称“六度阴阳掌”，发于防身，立于健身，搏于赛场，习于日常，载于武艺，归于武德。其具有鲜明的岭南特色和朴实大方的南拳风格，以腿法见称，所谓“一腿胜三拳，手长尺七、脚长三尺，放长攻出，凌空飞踢，拳重百两，脚重千斤力”。

莫家拳有黑虎拳、豹拳、箭拳、串花拳、拉长拳、开口拳、下山拳、铁拳、八面拳、回龙拳、五虎拳、六合拳、风虎拳等二十多种套拳。拳法特点为斜身肩半吊马，步法灵活，手法紧密，攻防结合，拳势勇猛，刚劲有力，步法灵活，软硬兼施，长短配合，正所谓“拳行如虎势，脚踢似龙威”。

有歌诀曰：“拳行如虎势，脚踢似龙威。身灵步活力，长短劲俱齐。”

莫家拳法分解如下图：

①起势：立定抱拳

②伏手插掌

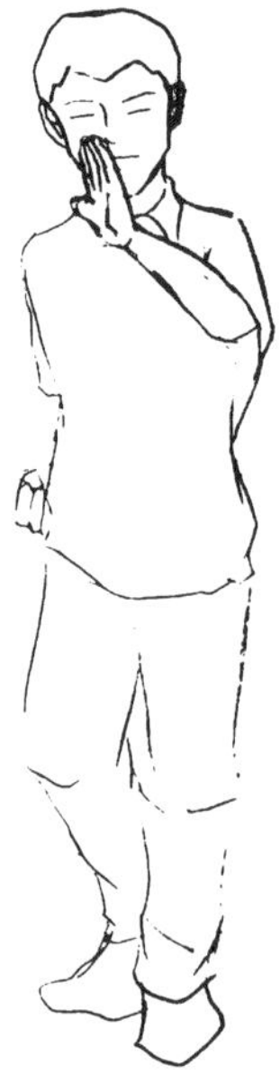

③抱拳立拳

④退步冲拳

⑤弓步推掌

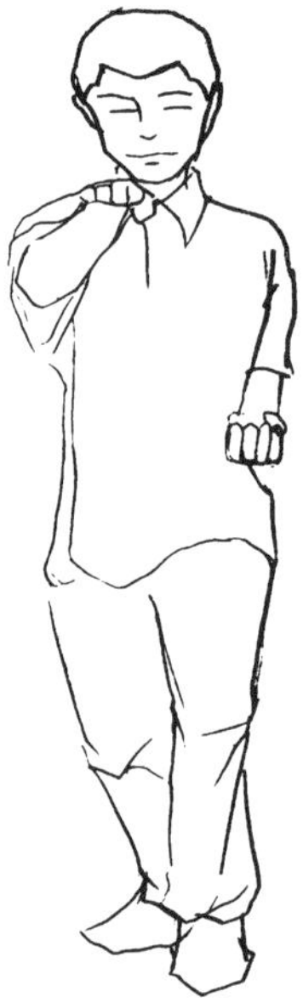

⑥吊马穿手

⑦马步抛肘

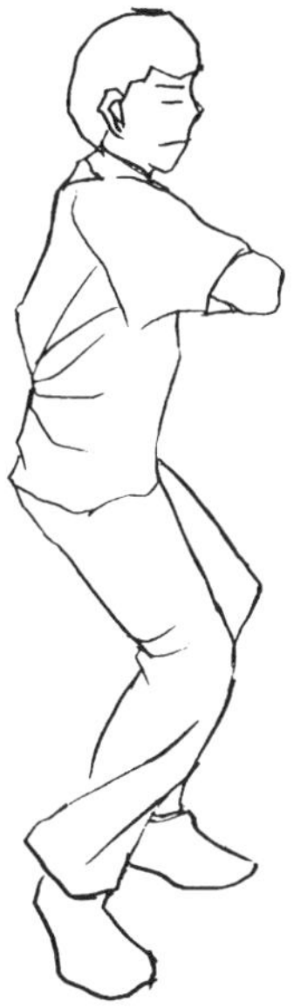

⑧马步顶肘

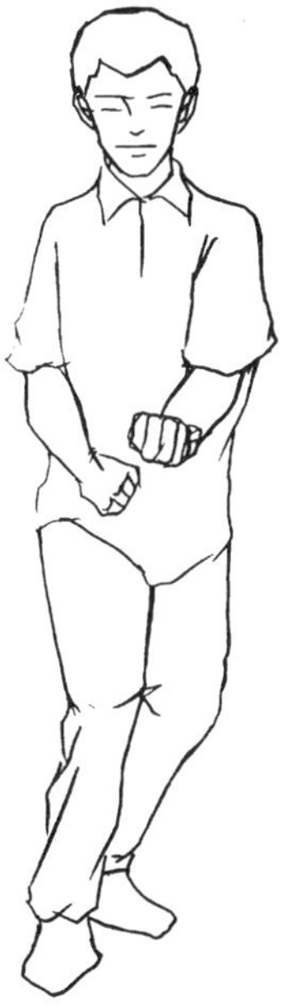

⑨吊马挂拳

⑩马步叠掌

⑪弓步刚掌

⑫吊马搂掌

⑬丁步上冲拳

⑭抱拳横丁腿

⑮马步冲拳

⑯马步顶肘

⑰马步双抛锤

⑱虚步虎爪

⑲马步冲拳

⑳提膝推掌

㉑弓步撞肘

图 3－35　莫家拳法分解图

附 录

附录一　第一至第四届麒麟舞队学生名单

第一届麒麟舞队学生名单

2012 级：黄均豪　麦浩杰　李俊豪　王兆贤

2013 级：张永棠　彭汝熙　麦晓龙　陈杰文　李学毅　麦泽官
林桂光　张润权　郭钊明　樊智聪　高景灏　黄俊杰
郭健辉　麦浩林　刘必顺　李坤林　黎志聪　吴江民
刘渝宁　李锡洪　郭健婷　梁锐芳　张楚霞　郭智贤
梁　煊

第一届麒麟舞队学生合影

第二届麒麟舞队学生名单

2012 级：	黄均豪	麦浩杰	李俊豪	王兆贤		
2013 级：	高梓灏	郭健辉	郭钊明	刘渝宁	李学毅	吴江民
	张永棠	郭健婷	李坤林	麦浩林	樊智聪	黄俊杰
	梁锐芳	梁　煊	林桂光	麦晓龙	彭汝熙	张润权
2014 级：	祁展仪	王丝敏	张子杰	钟亿伟	樊子豪	陈婉莹
	黄逸文	袁志燊	王锭宇	冯锡华	卢志荣	郭浩贤
	麦学贤	何岷坤	梁　健	方展龙	郑建培	冯梓珊
	梁子健	冯韦烈	朱锐文	霍海涛	陈鋆昊	卢志杰
	李钊颖	朱炜城	王永贤	何子睿	郭梓强	郭宏锵

第二届麒麟舞队学生合影

第三届麒麟舞队学生名单

2016 级：	肖晓彤	沈明生	焦　迅	温　航	叶浩浩	曹慧玲
	穆　伟	陈信越	刘　超	黄俊英	万宇辉	谭炜豪
	梁雅印	周晓彤	邹　婷	黄翠丽	邬景浩	孙君妤
	张桂婷	郭枫桦	雷　岩	蒋泳斌	聂亚鹏	黄文鸿
	陈浩华	黄承东	董瀚婕	胡玉媛	楚竞洁	林梓晴
	詹盛华	林宗标	谢永雄	李钰城	陈加鹏	唐敏仪
	蒙诗欣					

第三届麒麟舞队学生合影

第四届麒麟舞队学生名单

2017 级：罗晓阳　郭晋宇　许远航　林炜曜　陈文诺　陈俊培
邓辰晞　陈永豪　李梓冬　冯　捷　熊琪凌　黄至锋
石　越　何荣桀　伍冠丞　龚学良　黄诚峰　李浩铭
陈　炜　梁志豪　刘文辉　杨柏浩　林育帆　黄德佳
朱永健　陈文迪　叶良滨　鄢　优　唐金威　张甲龙
郭梓贤　胡　星

第四届麒麟舞队学生合影

附录二　2015 麒麟文化台历

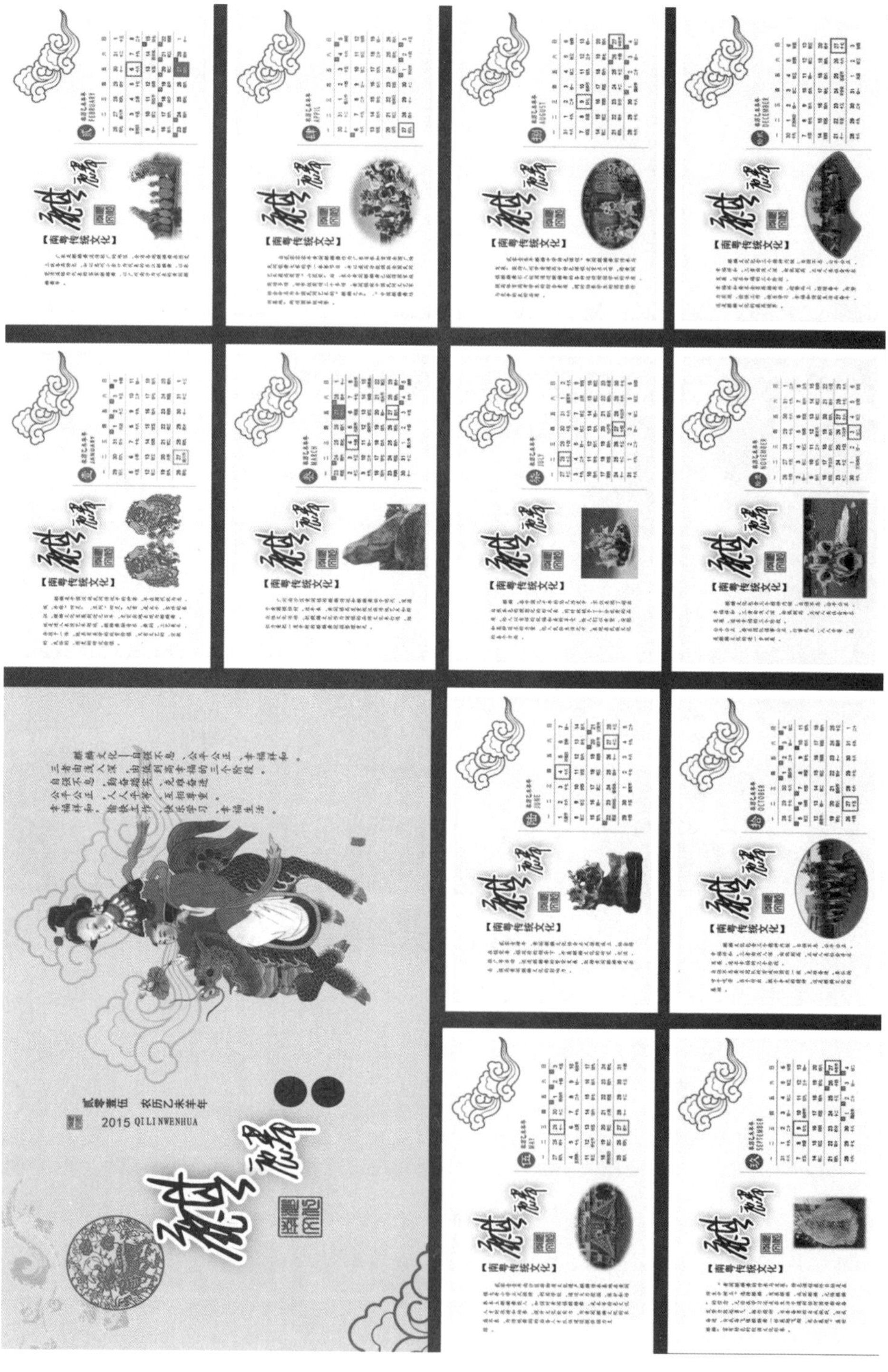